九州文库

中西部地区中小城市博士人才吸引力影响因素研究

黄翔 著

九州出版社
JIUZHOUPRESS

图书在版编目（CIP）数据

中西部地区中小城市博士人才吸引力影响因素研究／黄翔著．－－北京：九州出版社，2022.3
ISBN 978－7－5225－0843－6

Ⅰ．①中… Ⅱ．①黄… Ⅲ．①中小城市—博士—人才引进—研究—中西部地区 Ⅳ．①C964.2

中国版本图书馆 CIP 数据核字（2022）第 040489 号

中西部地区中小城市博士人才吸引力影响因素研究

作　者	黄　翔著
责任编辑	王　佶
出版发行	九州出版社
地　址	北京市西城区阜外大街甲 35 号（100037）
发行电话	（010）68992190/3/5/6
网　址	www.jiuzhoupress.com
印　刷	唐山才智印刷有限公司
开　本	710 毫米×1000 毫米　16 开
印　张	15
字　数	214 千字
版　次	2023 年 4 月第 1 版
印　次	2023 年 4 月第 1 次印刷
书　号	ISBN 978－7－5225－0843－6
定　价	95.00 元

★版权所有　侵权必究★

前　言

"西部大开发"和"中部崛起"是两个国家级战略政策，其指导性文件《中共中央、国务院关于新时代推进西部大开发形成新格局的指导意见》和《促进中部地区崛起"十三五"规划》强调要培养出一批优秀人才，建立东中西部共建人才培养服务平台，并要选拔符合需要的专业化人才，建立健全有利于吸引、激励和留住人才的体制机制。本研究是广东省教育厅课题（2019WTSCX031）阶段性研究成果，旨在以X市为例，针对中西部地区中小城市博士人才吸引力影响因素进行探索性研究。由于研究内容和方法造成的客观之限制，本研究样本调查和重点人物深度访谈前后花费数年时间。本书成书于2018年，参考文献数据截至2015年。本研究的研究目的有：1. 丰富和完善中国（港澳台地区除外）关于博士人才吸引力的相关研究。2. 为解决包括X市在内的中西部地区中小城市引进人才之困境，为推动中西部地区中小城市经济发展，提供理论依据和科学建议。为了达到以上研究目的，本研究要找出以下研究问题的答案：1. 探讨作为中西部地区中小城市的X市与其他城市博士人才的基本特征；2. 探讨作为中西部地区中小城市的X市与其他城市博士人才工作状况（满意度）之特点；3. 用多重检验的方法，从三个不同的角度，探讨中西部地区中小城市能够吸引博士人才之关键因素及其排序是怎么样的。

为达到本研究之研究目的，本书做了如下工作。第一，本研究对组织人才吸引力理论、人才战略理论和人才流动理论等相关文献进行了探讨和研究，使得本书拥有了更好的理论之依据。第二，以文献为理论依据，在充分考虑研究伦理的情况下，采用开放式调查和焦点小组等方法自行整理、修改和编制本研究所用之调查问卷。并进行了信度和效度分析，结果表明本研究具有较好的信度和效度。第三，本研究以"在X市长期就业的博士和博士生""作为政策制定者的X市领导干部""其他城市的博士和博士生"三类人为本研究之调查对象。前两类调查对象为全部抽样。然而，截至目前，由于中国（港澳台地区除外）并没有任何有效和权威的部门发布过国内目前的博士人才和博士生的总量，因此，本研究无法自行编制样本框。所以，针对第三类调查对象，本研究采用"滚雪球抽样法"，对其进行抽样调查。三类调查对象共计发放679份调查问卷，回收487份有效问卷。第四，根据调查所取得之资料，本研究采用层次分析、描述性统计分析、单因素方差分析、独立样本T检验、卡方检验等方法进行相关研究分析，并取得了较为丰富的结果。

根据研究之目的，通过对"探讨作为中西部地区中小城市的X市与其他城市博士人才的基本特征"这个问题的探索性研究，我们发现19个结果。通过对"探讨作为中西部地区中小城市的X市与其他城市博士人才工作状况（满意度）之特点"这个问题的探索性研究，我们发现23个结果。通过对"用多重检验的方法，从三个不同的角度，探讨中西部地区中小城市能够吸引博士人才的关键因素的排序是怎么样的"这个问题的探索性研究，我们发现7个结果。通过系统的探索性分析和研究，针对欲解答问题，我们共计发现49个研究结果，达到了本研究之研究目的。根据研究结论，本研究相应地提出了18个解决问题的建议。最后，本书综述了13个本研究之研究贡献，诚实地指出了6个本研究之研究限制和6个为帮助后续研究之研究建议。为达到保护研究对象和得到研究对象真实、可信之回答的双重目的，在本书的写作中，研究伦理，自始至终贯穿于整个研究过程之中。由于本书作者的时间和能力有限，本书不足之处敬请各位读者批评指正！

目 录
CONTENTS

第一章 绪论 ·· 1
  第一节 研究背景与动机 ·· 1
  第二节 研究目的与研究问题 ·· 10
  第三节 名词解释 ·· 11
  第四节 研究对象与研究范围 ·· 17
  第五节 研究流程与内容 ·· 18
  第六节 本章小结 ·· 19

第二章 文献探讨 ·· 21
  第一节 组织人才吸引力理论 ·· 21
  第二节 人才战略理论 ·· 41
  第三节 人才流动理论 ·· 50
  第四节 本章小结 ·· 66

第三章 研究方法与设计 ·· 68
  第一节 研究方法 ·· 68

  第二节 抽样调查方案设计 …………………………………… 76
  第三节 问卷编制 …………………………………………… 79
  第四节 研究伦理 …………………………………………… 86
  第五节 本章小结 …………………………………………… 89

第四章 研究统计与分析 …………………………………………… **92**
  第一节 研究的信度和效度分析 …………………………… 92
  第二节 样本描述 …………………………………………… 96
  第三节 独立样本 T 检验 ………………………………… 137
  第四节 单因素方差分析 ………………………………… 147
  第五节 卡方检验 ………………………………………… 165
  第六节 层次分析法的统计与分析 ……………………… 177
  第七节 本章小结 ………………………………………… 185

第五章 结论与建议 …………………………………………………… **189**
  第一节 研究结论 ………………………………………… 189
  第二节 解决问题的建议 ………………………………… 205
  第三节 研究贡献 ………………………………………… 208
  第四节 研究限制与后续研究建议 ……………………… 210

参考文献 ………………………………………………………………… **214**

第一章 绪论

第一节 研究背景与动机

一、研究背景

人口指的是居住在一定地域内或一个集体内的人的总数。人力指的是一个国家、社会或组织可动用的劳动力。人才指的是具有一定的专业知识或专门技能，进行创造性劳动并对社会做出贡献的人，是人力资源中能力和素质较高的劳动者。

人才一词最早出现在《诗经·小雅》注之中："君子能长育人才，则天下喜乐之矣。"这里所说的人才，主要是包含"贤"和"能"两种意思。《辞海》对"人才"的解释有三种：一是指有才识、学问，德才兼备的人；二是指有才学、有才能的人；三是指品貌俱佳的人。中国古代的文化典籍中蕴涵了大量的人才思想，如春秋战国时期的《论语》《左传》，汉代的《史记》《汉书》等。春秋时期的孔子提出了"举贤才"的明确主张；《墨子》中也指出"尚贤者，政之本也"；唐朝《贞观政要》中留有"为政之要，在于得人"的名句。我国古代遵循"德才兼备，选举贤能"的思想。如汉代的王符在《潜夫论》中指出"德不称其任，其祸必酷；能不称其位，其殃必大"。北宋宰相司马光也指出"才者德之资也，德者才之帅也"，"是故才德全尽谓之圣人，才德兼亡谓之愚人，德胜于才谓之君子，才胜于德谓之小人"。我们可以看出，人才的作用在古时候就已为人们所了解。

博士，古为官名，现为学位名称。"博士"始见于两千多年前的战国时代，负责保管文献档案，编撰著述，掌通古今，传授学问，培养人才。秦有七十人。汉初沿置。秩为比六百石，属奉常。汉武帝时，还设立了五经博士，《易》《书》《诗》《礼》《春秋》每经置一博士，故称五经博士。博士成为专门传授儒家经学的学官。司马迁在《史记·循吏列传》中有"公仪休者，鲁国博士也，以高等为鲁相"。明朝宋濂《送东阳马生序》："有司业、博士为之师。"清朝《睢阳袁氏（袁可立）家谱序》："故开美、与参伯仲暨博士孔监、友昆极，有是举也。"

"博士"英文为"doctorate"。它来自拉丁文"doctor"，其中有"teacher"的意思。这个词起源于欧洲中世纪。在那个时代，"teacher"是一个人在大学教书的证书。而我们通常讲的"博士"学位英文为"Doctor of Philosophy"（Ph. D）。"Ph. D"是现代欧美大学中在学术界任职的基本学位要求。首先，博士（Ph. D）是一个学术研究型的学位。它要求在学术研究领域有严谨的训练和考核。一个博士必须懂得什么是学术研究、学术规范、学术道德、学术服务。在美国系统里，博士生不仅要通过最基本的博士资格考试，修完固定的课时，取得平均 B 以上的分数，还要进行深入的学术研究并在世界学术杂志发表一定的论文，最后在博士委员会成功地为自己的学术论文答辩才可能得到博士学位。博士在中国各级人民政府的人才库中，都被定义为高级人才。

科学技术是第一生产力，这是邓小平同志在 1988 年会见捷克斯洛伐克总统胡萨克时所说的。中国是一个发展中国家，是发展中国家中的大国，中国的 GDP 已经排名世界第二。作为第一生产力的科学技术的发展，是中国国民经济发展的必要条件。而科技创新，则是科学技术发展的不绝动力。江泽民同志在 1995 年的全国科学技术大会上提出，创新是一个民族进步的灵魂，是国家兴旺发达的不竭动力。如果自主创新能力上不去，一味靠技术引进，就永远难以摆脱技术落后的局面。一个没有创新能力的民族，难以屹立于世界先进民族之林。

科技创新，关键在人才。杰出的科学家和科学技术人才群体，是国家科技事业发展的决定性因素。当前，人才竞争正成为国际竞争的一个焦点。无论是发达国家还是发展中大国，都把科技人力资源视为战略资源和提升国家竞争力的核心因素，大力加强科技人力资源能力建设。源源不断地培养造就大批高素质的具有蓬勃创新精神的科技人才，直接关系到我国科技事业的前途，直接关系到国家和民族的未来。

在人类社会发展进程中，人才是社会文明进步、人民富裕幸福、国家繁荣昌盛的重要推动力量。当今世界正处在大发展大变革大调整时期，世界多极化、经济全球化深入发展，科技进步日新月异，知识经济方兴未艾，加快人才发展是在激烈的国际竞争中赢得主动的重大战略选择（《国家中长期人才发展规划纲要（2010—2020年）》，2010）。

培养大批具有创新精神的优秀人才，造就有利于人才辈出的良好环境，充分发挥科技人才的积极性、主动性、创造性，是建设创新型国家的战略举措。要坚持贯彻尊重劳动、尊重知识、尊重人才、尊重创造的方针，全面实施人才强国战略，牢固树立人才资源是第一资源的观念，完善适合中国科技发展需要的人才结构，不断发展壮大中国科技人才队伍。要坚持在创新实践中发现人才、在创新活动中培育人才、在创新事业中凝聚人才。要依托国家重大人才培养计划、重大科研和重大工程项目、重点学科和重点科研基地、国际学术交流和合作项目，积极推进创新团队建设，努力培养一批德才兼备、国际一流的科技尖子人才、国际级科学大师和科技领军人物，特别是要抓紧培养造就一批中青年高级专家。要努力营造鼓励人才干事业、支持人才干成事业、帮助人才干好事业的社会环境，形成有利于优秀人才脱颖而出的体制机制，最大限度地激发科技人员的创新激情和活力，提高创新效率，特别是要为年轻人才施展才干提供更多的机会和更大的舞台。胡锦涛同志在2006年的全国科技大会上提出，要加大引进人才、引进智力工作的力度，尤其是要积极引进海外高层次人才，吸引广大出国留学人员回国创业。

国民经济的全面发展，离不开科学技术的发展和提高。科学技术的发展离不开创新所提供的不绝之动力源泉。而创新之关键，就在于人才。在中国各级人民政府制定的人才标准中，博士都属于高级人才。博士作为学历最高的人才，一般被认为是知识和技术发展的推动力，是重要的人力资源。博士人才对一国、一地区的科学研究和经济建设的发展具有非凡的意义。

国内外各级政府针对博士人才都进行了相关的深入研究，以了解他们的特征和状况，为抢夺包括博士在内的人才以及制定相关人才战略提供参考资料。在国外，欧美等西方国家有关博士人才相关资源的研究已经形成了一套完整的、科学的研究体系。美国芝加哥大学全国民意调查中心（NORC）每年都会公布多份关于博士特征的统计报告。全球经济发展合作组织（OECD）较早地提出了人力资源评价的指标体系，对人力资源统计分析的国际标准化和规范化起到了重要作用。OECD还制定了有关人力资源调查研究规范的堪培拉手册（Canberra manual）和奥斯陆手册（Oslo manual），这为全球在人力资源定义、分类方法学提供了统一标准规范，便于国际间的交流与合作。

美国对博士人才的研究最为完善，美国的博士调查数据最早可以追溯到1920年。从1957年一直到1997年，美国国家科学院的国家研究委员会与美国自然科学基金所属的科学资源统计部门合作，进行博士特征的相关项目调查；从1997年开始，则由NORC进行博士特征的相关项目调研。NORC每年出具一份完整的博士特征年度报告，不定期出具数份专门类博士研究相关报告。该项目是目前国际上对博士特征研究最为权威的调查研究项目。

加拿大的博士调研项目主要参考美国，工作由加拿大政府统计局教育统计中心（NCES）进行。主要由国家统计局专家和学者对博士人才的人口学特征、经济来源、流动状况等相关信息进行统计分析，定期发布相关数据报告和研究成果。

2004年起，OECD与联合国教科文组织统计署以及欧盟统计局合作开展博士人员职业发展与流动调查。其目的是在全球范围内开始基于博士人才人口特征、教育状况以及流动状况的调查，协调全球各国的博士调查情况，提出全球对比系统，统一格式，统一模板，统一调查方法，统一标准化术语，使各国的分析和数据有据可依。除此之外，瑞士、葡萄牙、印度、乌克兰、波兰、丹麦、意大利、日本、德国、西班牙、阿根廷、乌干达、法国等众多国家都有相关部门进行关于博士特征及流动状况等相关情况的调查研究（李晓曼，2007）。

表1-1 全球博士人才调查研究状况

国家	起止时间	研究机构	数据来源
美国	1958年至今*	国家科学基金会	《研究人员调查》
			《博士学位获得者调查》
			《博士学位获得者档案调查》
丹麦	1987年至今	政策研究中心	《博士职业生涯规划研究》
意大利	1987年至今	统计局	《研究员状态试探性调查》
加拿大	2001年至今	统计局	《微观数据普查》
			《研究人员调查及其后续调查》
			《博士学位获得者调查》
澳大利亚	2001年至今	教育部	《人口与住房普查》
			《高级人才信息收录集》
			《研究员职业生涯规划》
比利时	2001年至今	联邦科学政策办公室	《博士职业生涯规划》
瑞士	2003年至今	联邦统计办公室	《瑞士劳动力调查》

*注："至今"指统计报告的年份。
数据来源：National methodology description for CDH statistics，2006.

中国（港澳台地区除外）对博士人才的专门性调查研究目前尚处起步阶段，2004年以前，中国只有在《中国统计年鉴》《中国教育统计年鉴》以及各省市统计年鉴和教育统计年鉴有全国和各省市博士研究生每年的招生人数、在校生人数、毕业生人数等数据。《中国科学基金年鉴》还对国内各项科学基金获得者按照学位和文化程度进行了划分，可以得到获得各项基金的博士人员数量及其在自然科学、社会科学、人文科学三项学科中人数的分布情况（李晓曼，2007）。

如果按照现在我们已有的统计数据，我们无法获知海外归国的博士学位获得者的情况、外籍博士人才情况，以及博士人才的教育、就业、科技产出、流动特性与流动因素等相关情况。2004年，国家科技部与OECD合作，在中国全面开展关于博士相关特征的情况调查。陕西省是重点调查地区，作为第一批调查单位开展调查研究。具体项目由陕西省科技厅承担，研究课题为"陕西省博硕士人才存量及流动状况研究"（王成军，2006）。

该研究对陕西省博硕士人才存量与流动状况进行了调查研究，在国内博士人才专项调查研究中尚属首次，具有一定的实验性质。调查历时一年半，对西安市、咸阳市、渭南市、宝鸡市、杨凌经济开发区、延安市6个地级市的976家单位进行了调查。对陕西省博士人才的数量与工作去向、就业状况、流动状况、流向及特点等进行了深入调查，同时调查他们对就业、流动、工作环境、生活条件及相关政策的看法与建议；调查了各相关单位对博士人才的需求，引进这类人才对它们发展所产生的作用，以及单位对这类人才流动、人才相关政策的看法和建议；为陕西省制定相应的人才政策与制度提供了决策支持（郭育波，2007）。但同时，我们也发现，其调查范围暂时只集中在其省内的部分地、市、区，调查单位也并未覆盖全部单位。这与博士分散的特性以及缺少样本框，不无关系。因此，从代表性上看，其暂时存在一定的先天不足，期待其后续研究。

中国（港澳台地区除外）另外一个对博士人才进行过相对较为系统性研究的地区就是天津。天津市科技统计与发展研究中心与南开大学合作，开展了"博士科技人才的开发与流动——基于天津地区的调查"的研究。该研究对天津市681名已获得博士学位的科技人员进行了问卷调查，获得了有关博士科技人才的教育开发、就业状况、流动意向、职业发展等方面的信息。在对调查结果进行汇总分析后，针对天津市博士科技人才的开发和使用中的相关问题提出了对策和建议，为博士专项人才调查的研究积累了更多的宝贵经验，也为陕西省和天津市的数据分析和结果对比提供了参考依据（孟繁强，

2007）。由于其只针对天津一地，且只针对科技型博士，这就大大缩小了其研究范围，期待相应研究的推广。

二、研究动机

本书作者长期在行政事业单位从事管理工作。刚进入单位的时候，还是一名初出大学校门的全日制本科毕业生。十年前，全日制本科毕业生在中国尚且属于天之骄子。政府行政单位工作人员文化结构主要由成人教育（电大、党校等）、中专和大专构成。全日制大专毕业的，已经很少了。全日制本科毕业的，更是少之又少，在中国中西部地区的各机关单位、企业公司里，都实属很稀缺的资源。

因此，当时无论是本书作者所在单位的人力资源政策或人才政策，还是全市的人才政策，又或者是全省的人才政策，基本涉及的具体政策都是以成人教育（电大、党校等）、中专、大专和本科为主，只有全省的人才政策才有提及研究生的相关待遇和措施。省内也只有部分发达地区才有关于引进研究生的相关措施和待遇。绝大部分地区的人才政策中基本没有专门针对研究生的政策规定。中国的行政体系属于政策导向型，没有提及，就意味着没有政策，没有政策就意味着研究生只能和本科生享受相同的级别工资，和相同的岗位定级。虽然省里有少部分关于招收研究生的相关优惠政策，但只是笼统地说明了招收研究生，并没有提及是硕士研究生还是博士研究生。这就意味着，就算是在省会城市，硕士研究生和博士研究生在这里的待遇和政策也是相差不大的。本身的政策对硕士研究生就没有什么吸引力，而对于博士研究生，则直接没有任何相关的优惠政策。

十年前的中国沿海发达地区早已开始大规模抢夺人才。硕士毕业生的优惠待遇、博士毕业生的优惠待遇，清晰明了，吸引着无数大学毕业生前往。由于没有政策，即使是中西部地区的相关单位急于招聘紧缺专业研究生，也没有人愿意报名前来。使得在中西部很多地区甚至出现了部分单位、部门领导和企业老总，亲自到名牌大学来，招聘紧缺专业的硕士研究生、博士研究生；并私自许下如下待遇：一年内解决公务员编制、享受比本科生更优惠的待遇，或者是由企业支付与沿海发达地区引进人才相同的待遇，如解决户口、家属随迁、便利就医、子女优惠入学、购买人才家园房产等。这些在沿海发达地区由政府主导的政策和优惠措施，在中西部地区全部变成了由部分单位自己负担，或者部分企业自己负担。经济问题较容易解决，但子女入学、家属随迁、户口等政策问题却需要单位领导和企业老总发动各种关系和人脉到政府中逐级找人，依次进行解决。这给相关单位和企业带来了巨大的压力，成为单位和企业招收人才的巨大障碍。严重阻碍了当地的人才引进和经济发展。中西部地区和东南部沿海发达地区的差距越来越大，马太效应加剧。

社会的潮流在向前发展，中国人民的文化素质在不断提高，学历也在不断提高。当研究生毕业大潮不断出现的时候，中西部地区的相关部门终于也按捺不住，纷纷提出了对研究生的优惠政策和措施。很多地方人才紧缺到直接全国广告：凡研究生以上文化直接录取为公务员；家属直接随迁当地，尤其重要的是所有直系家属（中华人民共和国户籍管理条例规定，直系亲属为关系人的父母、配偶和子女）可以全部解决"农转非"（中华人民共和国户籍管理条例规定，中华人民共和国公民的户口划分为"农业户口"和"非农业户口"暨城镇户口），也就是说亲属可以全部转为城镇户口。

生活在城市的人可能无法理解这个含义，但是一直生活在农村的人却能明白，十几年前，在中国绝大部分地区，只有是城镇户口的人才可以享受城市的养老保险、医疗保险，才能在城市找到正式工作上班，才能在城市买房。农村户口则不可以。就连在一辆公交车上出了事故，城镇人口和农村人口的赔付标准都有法律明文规定，是不一样的。所以，直系亲属全部转为城市户口的吸引力是非常大的。

虽然中西部地区也在大张旗鼓地招聘人才，但是受自身的经济发展水平等诸多因素的影响，很多类似的人才招募依然没有涉及硕士研究生和博士研究生的区别待遇，只是很笼统地说招募研究生。作为国家科技部和人事部认定的人才标准中学历最高的人才的博士，在中西部地区却往往得不到重视。

这些地区的经济发展水平和生活水平本身就比东南部沿海发达地区差，行政机关单位和公司企业的待遇也没经济发达地区高，就连政府引进人才的政策待遇都要差很多。这样如何会有大量的博士人才愿意前往呢？虽然现在的政府部门越来越重视这些作为人事部认定的人才标准中学历最高的人才——博士的作用，也加大了政策扶持力度，但依旧收效甚微。

X市下辖十多个县区市，地区常住人口七百多万；拥有多处国家级5A景区和国家级地质公园，自然风光秀美，多次荣获"中国优秀旅游城市"等多项荣誉。然而，在这里固定、长期就业的博士人才，仅仅有三十余人。博士人才和人口比率约为一比二十三万。也就是说约每二十三万人中才有一个博士，远低于沿海发达地区。全市硕士人才也仅有三百余人，和人口比率约为一比两万三千。而和X市相邻的Y市拥有一百多万常住人口，在该地固定、长期就业的博士人才不足十人，同样远低于沿海发达地区。虽然在全省，X市的发展速度非常迅猛，但放之沿海地区和全国其他发达地区，我们就可以看出来其经济发展水平是相对落后的，无论是GDP、财政收入，还是居民收入，都远远低于经济发达地区。

X市市政府确定的全市优先发展产业为旅游业和高新产业，尤其是光学仪器制造和光伏太阳能产业。因此，掌握高新技术和现代管理水平，拥有高学历的现代管理人才和科技人才是X市最为紧缺的人才。对X市人才状况进行简单分析，我们可以很容易地发现，拥有高学历的现代管理人才和科技人才的缺失已经是制约X市经济可持续发展的重要因素之一。对此，X市市政府也早已发现。为此，X市市政府多次召开人才会议，研究吸引人才的政策方针，并成立了高级别的专门性的人才办公室，负责吸引人才进入X市长期就业。经过多年的努力，陆续有很多拥有高学历的现代管理人才和科技人才来到X市，为全市经济发展做出贡献。然而纵观周边发达地区，X市吸引人才的数量相对而言还是较少的。在拥有七百多万常住人口的地级市，固定、长期在X市就业的博士人才仅有三十余人，而硕士人才也仅有三百余人，和发达地区相比差距巨大。为什么会有如此巨大的差距呢？作为中西部地区的中小城市是否就无法吸引高学历人才，尤其是博士人才前来长期就业呢？

为了找出原因和答案，本书作者查阅大量相关文献，发现虽然关于人才流动、人才吸引力、人才战略等相关研究文章在国内外已有很多，但是，针对人才中的最高学历的博士人才的吸引力之专门研究，在国内却是极少。可查阅的（知网、万方）仅有天津市和陕西省关于硕博人才的不完全调研和几篇关于硕博人才特征分析的学术论文，而且这些论文大部分都属于学术期刊和硕士层次，并且数量极少，硕士层次的论文仅有几篇，关于博士人才吸引力的相关研究少之又少。

通过文献分析，我们发现，现在大多数关于组织人才吸引力的相关研究都是采用虚拟组织实验方法进行的。基本都采用卡片组合或者文字表述等形式控制组织特性和行为，然后测量雇主吸引力。实验法研究在设计上相对更为简单，测试也相对更为方便，但是虚拟实验与现实情况毕竟存在较大差异。而且 Highhouse S. 等（2003）也曾指出，最直接的吸引力测量应当是针对真实地申请职位并最终选择了它的人。所以后续研究在条件匹配的情况下，应针对被录用人员展开组织人才吸引力的相关调查。因此，为丰富和完善国内关于博士人才吸引力的相关研究，且为解决中国中西部地区中小城市吸引博士人才之困境，尤其是 X 市博士等高学历人才缺失的困境，本书作者决心针对已被 X 市录用的且长期在当地工作的博士人才、其他城市博士人才和作为政策制定者的 X 市的领导干部三类人群，采用多重检验的方法，展开探索性的相关研究，探索中西部地区中小城市人才吸引力之影响因素及其排序。

第二节 研究目的与研究问题

本研究属于探索性研究，首先用历史分析法和比较分析法对国内外以及省内外，尤其是中西部地区中小城市与北上广及沿海发达地区相关的吸引博士人才的政策和文献进行分析研究,找出不同地区城市吸引博士人才前往的相关因素。其次运用问卷调查法针对三类人群:已被 X 市录用的且长期在当地工作的博士人才、其他城市博士人才和作为政策制定者的 X 市的领导干部,展开调查研究,并最终用层次分析法确定吸引博士人才前往中西部地区中小城市的关键因素,并进行排序。以此推动和完善国内关于博士人才吸引力的相关研究,并为中西部地区中小城市引进人才,推动中西部地区中小城市经济发展提供理论依据和科学建议。综上所述,现将本研究之研究目的与研究问题整理如下:

一、研究目的

(1) 丰富和完善中国关于博士人才吸引力的相关研究;

(2) 为解决包括 X 市在内的中西部地区中小城市引进人才之困境,为推动中西部地区中小城市经济发展提供理论依据和科学建议。

二、研究问题

(1) 探讨作为中西部地区中小城市的 X 市与其他城市博士人才的基本特征;

(2) 探讨作为中西部地区中小城市的 X 市与其他城市博士人才工作状况(满意度)之特点;

(3) 用多重检验的方法,从三个不同的角度,探讨中西部地区中小城市能够吸引博士人才之关键因素及其排序。

第三节　名词解释

本研究之相关重要名词,分别解释界定如下:

一、博士

古为官名,现为学位名称。秦汉时是掌管书籍文典、通晓史事的官职,后成为学术上专通一经或精通一艺、从事教授生徒的官职。现代可分为博

（即普通博士研究生）、在职博士（专业学位）、荣誉博士等。博士严格来讲是分为两类的：正在读的还没有获得博士学位的学生，只能称为博士研究生；已经获得博士学位的人员，才是真正意义上的博士（本研究在写作中为写作之便利，暂将以上两类统称为博士人才）。

1983年5月27日，中华人民共和国首批博士诞生。根据《中华人民共和国学位条例》《中华人民共和国学位条例暂行实施办法》之规定，高等学校和科研机构的研究生，或具有研究生毕业同等学力的人员，通过博士学位的课程考试和论文答辩，成绩合格，达到规定学术水平者，方可授予博士学位。博士学位是标志被授予者的受教育程度和学术水平达到规定标准的本专业的最高学识水准的学术称号。在学士学位、硕士学位和博士学位三种学位中，博士学位是最高的一级。

二、中西部地区

1986年中华人民共和国全国人大六届四次会议通过的"七五"计划正式公布，将我国划分为东部、中部、西部三个地区。东部地区包括北京、天津、河北、辽宁、上海、江苏、浙江、福建、山东、广东和海南11个省（市）；中部地区包括山西、内蒙古、吉林、黑龙江、安徽、江西、河南、湖北、湖南、广西10个省（区）；西部地区包括四川、贵州、云南、西藏、陕西、甘肃、青海、宁夏、新疆9个省（区）。

1997年中华人民共和国全国人大八届五次会议决定设立重庆市为直辖市，并划入西部地区，西部地区所包括的省级行政区就由9个增加为10个。

由于内蒙古和广西两个自治区人均国内生产总值的水平正好相当于上述西部10省（市、区）的平均状况，2000年国家制定的在西部大开发中享受优惠政策的范围又增加了内蒙古和广西。

到目前为止，西部地区包括的省级行政区共12个，分别是四川、重庆、贵州、云南、西藏、陕西、甘肃、青海、宁夏、新疆、广西、内蒙古；中部地区有8个省级行政区，分别是山西、吉林、黑龙江、安徽、江西、河南、湖北、湖南；东部地区包括的11个省级行政区没变。

由于中国经济发达地区集中在北上广（北京、上海、广州）以及沿海地区，中西部地区经济发展相对较差，所以，中西部地区渐渐成为经济落后地区的代名词。

三、中小城市

根据国家建设部《中小城市绿皮书》发布之官方标准，市区常住人口50万以下的为小城市，50万~100万的为中等城市，100万~300万的为大城市，300万~1000万的为特大城市，1000万以上的为巨大型城市。依据此标准，中小城市是指市区常住人口100万以下的城市。2009年底，全国共有2160个中小城市，其中地级212个，县级1948个。

截至2009年底，中小城市及其直接影响和辐射的区域，行政区面积达927万平方公里，占国土面积96.57%；总人口达9.98亿，占全国总人口的75.2%。2009年，中小城市及其直接影响和辐射的区域，经济总量达16.61万亿元，占全国经济总量的55.23%；地方财政一般预算收入达11811.74亿元，占全国地方财政一般预算收入的41.23%。

四、城镇化（率）

"城镇化"一词的出现很显然要晚于"城市化"，这是中国学者创造的一个新词汇。1991年，辜胜阻在《非农化与城镇化研究》中使用并拓展了"城镇化"的概念，在后来的研究中，他力推中国的城镇化概念，并获得一批颇有见解、影响较广的研究成果。

城镇化是一个历史范畴，同时，它也是一个发展中的概念。中共第十五届四中全会通过的《关于制定国民经济和社会发展第十个五年计划的建议》正式采用了"城镇化"一词。这是中国首次在最高官方文件中使用"城镇化"。

城镇化的核心是人口就业结构、经济产业结构的转化过程和城乡空间社区结构的变迁过程。城镇化的本质特征主要体现在三个方面：一是农村人口在空间上的转换；二是非农产业向城镇聚集；三是农业劳动力向非农业劳动力转移。对城镇化的特征，可以从不同的角度进行分析，这对进一步理解其本质特征是有益无害的。

城镇化率（又称城市化率、城市化度、城市化水平、城市化指标）是一个国家或地区经济发展的重要标志，也是衡量一个国家或地区社会组织程度和管理水平的重要标志。城镇化率通常用市人口和镇人口占全部人口（人口数据均用常住人口而非户籍人口）的百分比来表示，用于反映人口向城市聚集的过程和聚集程度。

2012年国家统计局发布报告显示，十六大以来我国人口总量低速平稳增长，人口生育继续稳定在低水平，人口文化素质不断改善，城镇化水平进一步提高，人口婚姻、家庭状况保持稳定。报告显示，2011年城镇化率达51.27%。

五、常住人口

常住人口是人口统计中的一个名词，是国际上进行人口普查时常用的统计口径之一，指实际居住在某地区满特定时间（例如在中国的统计中是半年，在日本则一般是3个月）的人口总数。与户籍人口不同之处在于，计算常住人口时，要将户籍人口扣除流出该地区达某特定时间以上（例如半年）的流动人口，再加上流入当地已经过特定时间（例如半年以上）的流动人口。

中华人民共和国第六次全国人口普查使用的常住人口标准为：户口在本辖区人也在本辖区居住+户口在本辖区之外但在户口登记地半年以上+户口待定（无户口、口袋户口）+户口在本辖区但离开本辖区半年以下。所谓户口待定指调查时居住在本地，但在任何地方都没有登记常住户口，如手持户口迁移证、出生证、退伍证（中华人民共和国兵役法规定军人的户口由所在部队集中管理）、劳改劳教释放证等尚未办理常住户口的人。

六、流动人口

流动人口是在中国户籍制度条件下的一个概念，指离开了户籍所在地到其他地方居住的人口，但目前尚无明确、准确和统一的定义。国际上，类似的群体称为"国内移民"（Internal migration）。中国的人口流动主要是由农村流向城市，由经济欠发达地区流向经济发达地区，由中西部地区流向东部沿海地区。

流动人口可以分为流入人口和流出人口，流入人口是指来到该地区的非户籍人口，流出人口是指离开该地区到其他地方居住的户籍人口。流动人口根据流动性可以分为常住流动人口和短期流动人口，常住流动人口一般指在该地区居住较长的一段时间（如5年）。目前流动人口的行政管理以公安部门为主，主要抓流动人口的治安问题。劳动和社会保障、卫生、教育、计划生育等部门分别管理流动人口的不同方面。中国没有制定流动人口管理的法规，流动人口管理的法规主要是由省市一级制定。最早的省一级的流动人口立法是1987年的《广东省流动人口计划生育管理办法》。由于户籍与教育、医疗、社会保障等挂钩，离开了户籍所在地，流动人口的权益就得不到保障。比如流动人口中学龄少年儿童的义务教育问题；流动人口的政治权利，如选举权和被选举权。

据统计，截至2009年，中国流动人口已达到2.11亿，平均年龄约为27.3岁。流动人口中78.7%为农业户口，以青壮年为主，主要在制造、批发零售和社会服务业领域就业，多集中在低薪或高危行业。中国流动人口分布仍向沿海、沿江地区集中，新兴都市圈、中西部中心城市成为新的人口聚集区。

七、暂住人口

暂住人口指户口登记地与长期居住地不一致的人口，俗称"人户分离"的人口。根据规定，中国公安机关的人口管理上，仅对"人户分离"预计1个月以上的人口实行暂住人口管理，将暂住人口定义为离开常住户口所在地的市区或者乡、镇，在其他地区居住的人员。具体分为以下三种情形：一是以市建制的市区或者非市建制的县之下的乡镇为区域界定，如北京市的市辖区之内、市辖区之间的"人户分离"不作为暂住人口管辖，但密云区与市辖区之间的"人户分离"应办理暂住人口登记。二是不设区的市（包括县级市）的市区（以街道为单位），同一县级市之下街道之间"人户分离"不实行暂住人口管理，但其街道（市区）与乡镇之间则需进行暂住人口管理。三是县之下的乡镇实行暂住人口管理。具体操作上，一是城市的市辖区之间、市辖区之内不实行暂住人口管理，二是县（旗、市）辖区内乡镇街道，极少强制要求办理暂住登记。

八、人才

人才是指具有一定的专业知识或专门技能，进行创造性劳动并对社会做出贡献的人，是人力资源中能力和素质较高的劳动者。具体到企业中，人才是指具有一定的专业知识或专门技能，能够胜任岗位能力要求，进行创造性劳动并对企业发展做出贡献的人，是人力资源中能力和素质较高的员工。企业的人才总量包括经营人才、管理人才、技术人才和技能人才。经营人才指企业的单位负责人和部门负责人；管理人才、技术人才是具有中级及以上专业技术资格或本科及以上学历的人员；技能人才是在生产技能岗位工作，具有高级工及以上技能等级或具有专业技术资格的人员。

"具有中专以上学历和初级以上职称的人员"——1982年我国确立的这一人才标准，在当时条件下从根本上扭转了十年"文化大革命"践踏知识、鄙视教育的局面。人才是我国经济社会发展的第一资源。

按照国际上的分法，现在普遍认为人才分为学术型人才、工程型人才、技术型人才、技能型人才四类。按照级别来分，可分为初级人才、中级人才、高级人才等。按照年龄段来分，可分为中老年人才、离退休人才、中青年人才等。

根据《国家中长期人才发展规划纲要（2010—2020）》，人才可以分为党政人才、企业经营管理人才、专业技术人才、高技能人才、农村实用人才以及社会工作人才六大类。全国各省、区、直辖市都有各自的人才标准和相关政策。

九、吸引力

在管理心理学中，吸引力是指能引导人们沿着一定方向前进的力量。当人们对组织目标或可能得到的东西有相当的兴趣和爱好时，这些东西就会形成对人们的吸引力。这种力量一旦形成就会吸引人们不断地向目标推进。管理中组织设置的目标以及表扬、奖励、奖金、荣誉、职务晋升等都是一种吸引力。科学家把构成吸引力的因素列了一个长长的名单，不过对于不同的具体问题，它们的顺序各不相同。

第四节 研究对象与研究范围

一、研究对象

本研究之研究对象包括：在 X 市长期就业的博士和博士生（包括政府机关、事业单位和企业）、作为政策制定者的 X 市领导干部以及其他城市的博士和博士生。

在具体研究过程中，选择所有在 X 市长期就业的博士和博士生，选择所有作为政策制定者的 X 市领导干部（委员会工作组相关工作人员），选择部分其他城市的博士和博士生，以这三类为样本进行研究。之所以这样选择，主要是基于如下考虑：

（1）研究时间与研究成本的局限性；

（2）研究样本获取的可行性；

（3）研究所需资料（包括内部、外部以及保密资料；包括一手及二手资料）的真实性和可获取性。

二、研究范围

本研究以博士人才吸引力为研究主题，探索性研究以 X 市为代表的中国中西部地区中小城市博士人才吸引力的特点，深入分析中西部地区中小城市与发达地区的不同。并根据研究，探索以 X 市为代表的中西部地区中小城市能够吸引博士人才的影响因素，及其排序是怎么样的。本书研究的主要议题如下：

（1）博士人才吸引力——主要探讨以 X 市为代表的中国中西部地区中小城市博士人才吸引力的特点，以及产业集群、职业发展、学习发展、组织特征与表现、工作报酬与特性等对其之影响。找出关键因素，并进行排序；

（2）人才流动——主要探讨人才流动的原因、方向、趋势、特点、法律政策和影响以及国内外人才流动的现实状况；

（3）人才战略——主要探讨人才战略的种类、性质和特点，分析、比较市内外、省内外以及国内外的各地区人才战略和人才政策。

第五节　研究流程与内容

一、研究流程

本书主要采用历史分析法、比较分析法、问卷调查法与层次分析法等研究方法，对 X 市的博士人才吸引力等相关问题进行调查与研究。本书研究和撰写的具体步骤有：

（1）搜集相关文献进行分析和研究，与专家商讨，确定研究方向和研究主题，明确研究背景和研究动机；

（2）提出本书的研究目的和研究问题；

（3）根据已确定的研究背景、研究动机、研究目的与研究问题，明确本研究的研究对象与研究范围；

（4）确定研究思路和方法以及调查问卷的设计和发放形式；

（5）对回收的问卷进行判定，筛选出有效问卷，并对问卷数据进行统计分析；

（6）根据统计分析，得出研究结果。并对研究结果进行深入探讨，最终得出结论和建议；

（7）由专家提出意见，进行论文修改，最终完成定稿。

二、研究内容

本书的研究内容架构主要由五个部分组成。第一部分是论文的绪论，包括：提出课题研究的相关背景和动机、研究的目的和研究问题、研究中涉及的相关名词解释、研究的对象与所研究的范围、研究的内容与研究流程等。第二部分是论文的文献探讨，主要是围绕博士人才吸引力这一主题，对组织人才吸引力、人才流动与人才战略等相关理论综合述评，系统归纳和整理基本概念，探讨和分析不同时期、不同地区的状况和特点。并且总结以往学者的研究成果，分析和探讨以往经验成果的不足和缺陷。第三部分是本书的研究方法和设计，首先介绍了本书所采用的研究方法和抽样调查方案，其次详细介绍了问卷的编制方法，最后阐述了本书的研究伦理。第四部分是本书的研究统计与分析，主要包括：首先介绍了研究的信度和效度分析；其次是资料的处理、分析和讨论，也就是通过问卷的形式，收集数据并对样本进行数据分析和研究。第五部分也就是最后一个部分，是全书的研究结论与研究建议，暨总结本研究之主要结论，提出解决问题之建议；说明本研究之研究贡献、研究所受限制和对后续研究的相关建议。

第六节　本章小结

本章是全书的绪论部分，主要在于说明本书的基本概念，共分为六个小节。第一节主要介绍本书的研究背景与研究动机。在中国各级政府制定的人才标准中，博士都属于高级人才。博士作为学历最高的人才，一般被认为是知识和技术发展的推动力，是重要的人力资源。博士人才对一国、一地区的科学研究和经济建设的发展具有非凡的意义。国内外各级政府针对博士人才都进行了相关的深入研究，以了解他们的特征和状况，为抢夺包括博士在内的人才以及制定相关人才战略提供参考资料。在国外，欧美等西方国家有关博士人才相关资源的研究已经形成了一套完整的、科学的研究体系，而我国对博士人才的专门性调查研究目前尚处起步阶段。虽然中西部地区也在大张旗鼓地招聘人才，但是依然很少有博士人才愿意前往。为丰富和完善国内关于博士人才吸引力之影响因素的相关研究，且为解决中国中西部地区中小城市吸引博士人才之困境，尤其是 X 市博士等高学历人才缺失的困境，本书作者决心专心进行本领域之研究。

第二节为研究目的与研究问题。主要介绍了本研究之研究目的为：1. 丰富和完善中国关于博士人才吸引力的相关研究；2. 为解决包括 X 市在内的中西部地区中小城市引进人才之困境，为推动中西部地区中小城市经济发展提供理论依据和科学建议。为了达到以上研究目的，本研究要找出的研究问题的答案为：1. 探讨作为中西部地区中小城市的 X 市与其他城市博士人才的基本特征；2. 探讨作为中西部地区中小城市的 X 市与其他城市博士人才工作状况（满意度）之特点；3. 用多重检验的方法，从三个不同的角度，探讨中西部地区中小城市能够吸引博士人才之关键因素及其排序。

第三节为研究中相关名词解释。

第四节为研究对象与范围。研究对象包括：在 X 市长期就业的博士和博士生（包括政府机关、事业单位和企业）、作为政策制定者的 X 市领导干部（委员会工作组相关工作人员）以及其他城市的博士和博士生。研究范围包括：本研究以博士人才吸引力为研究主题，探索性研究以 X 市为代表的中国中西部地区中小城市博士人才吸引力的特点，深入分析中西部地区中小城市与发达地区的不同。并根据研究，探索以 X 市为代表的中西部地区中小城市能够吸引博士人才的影响因素及其排序。

第五节为研究流程与内容。详细介绍了本研究之文稿写作的详细流程。紧接着还介绍了本研究之研究内容，详细说明了全书的五大部分。

第六节是本章小结，对整个第一章进行归纳总结。

第二章　文献探讨

第一节　组织人才吸引力理论

一、组织人才吸引力理论及其发展

我们都知道，基于牛顿力学经典理论，任何有质量的物体之间都存在着相互的吸引力，即万有引力。万有引力是宇宙中四大基本力之一，引力的大小与物体的质量成正比、与物体间的距离成反比。组织人才吸引力，就如在地球引力范围内把地球与其他物体的相互作用力，理解为地球对另一物体的吸引力一样，被视为一种向心力，也就是将人才吸引到特定组织工作的能力。在现阶段市场经济条件下，人才处于不断循环运动的过程中，人才的流动成为一种普遍存在的社会行为。人才流动及其流量与流向是一定方位的对象对其施加一定吸引力作用的结果，对于某些特定地域而言，人才流动朝特定的地域集聚，离不开人才吸引的向心力的作用。如果某个区域具有较强的吸引力"磁场"，就能引导人才有目的、有条件地向其流动，进而形成人才的集聚（周均旭，2009）。

《CHEERS》杂志2003年对最佳企业雇主做了总结："对企业而言人才是企业最大的资产"，"以后用人时，我们应该先用心找对的人上车，再来决定要做什么"。获得人才一直是全世界各个时代都非常重视的目标，在任何产业领域里，人才皆是关键，而如何吸引人才，促使其帮助组织得到最大利益，亦是组织当务之急，是需要立刻思考的（严汉嘉，2011）。组织求才，要找到与自己组织成员性质相似的人才，才易提高正向组织结果（丁兴祥等，1991）。企业为获取人才，必须先确保组织本身有足够的魅力以吸引到符合条件和一定数量的求职者前来应征和接受雇用。因此 Turban 和 Greening（1996）、Turban 和 Keon（1993）提出"组织吸引力"的概念，指组织本身吸引潜在求职者向往的程度，概念所强调的是组织的特性。叶佳绫（2009）对组织人才吸引力的内涵做出了以下两点定义：（1）求职者对于组织所呈现的态度或情感；（2）求职者渴望和组织有所链接的程度。

招募是人力资源管理活动中很重要的一部分，它可以为组织带来重要的资源——人才，但也有可能为组织带来灾难。而其他人力资源管理功能，如遴选、训练、薪酬能否发挥效果，也必须透过招募活动，将质量均重的人力资本吸引到组织内（Barber, 1998），来提高企业的竞争力（Lado & Wilson, 1994）。在招募初期，除了企业在寻找合适的求职者，同时求职者也在寻找有魅力的雇主（Wanous, 1978）。从许多研究结果可知，求职者在谋职前的考虑因素，除了"薪酬福利""工作职务""资格条件"外，还有企业组织本身（Belt & Paolillo, 1982）。而且，具有人才吸引力的企业，本身就能够快速地吸引到大量的人才前往谋职，因而大大地减少招募活动所须花费的成本（Herman & Gioia, 2000）。

Powell（1984）表示，尽管组织可以透过招募活动（例如面谈）来影响组织的求才吸引力，但求职者在应征前对企业形象的知觉，更是影响组织人才吸引力高低的关键。组织对于个体有何种程度的吸引力是组织搜寻与选择的文献中必须要面对的中心话题（Harris, 1987）。如何吸引优秀绩效的求职者是企业招聘活动的关键，也会进而影响到整个组织的绩效表现（Chapman et al., 2004）。Turban 和 Greening 于 1993 年再次从个体特征与组织匹配的角度提到了组织吸引力（Organizational attractiveness）。组织吸引力是指组织本身吸引潜在求职者前往应聘的程度（Turban & Greening, 1996），更多被当作一种行为意愿进行研究,但其对求职者的工作决策影响很大(Schwab et al.,1987)。

组织人才吸引力的研究主要集中于对微观组织的人才吸引力研究,范围涉及企业、医院、部队,甚至学校。国内学者仅有王养成(2006)设计了企业人才吸引力的评价指标体系,从中观层面对不同企业进行了比较研究。组织人才吸引力研究虽然注重心理测量,并取得了许多成果,但是Berthon、Ewing和Hah(2005)指出组织人才吸引力可能存在跨文化的差异,因此如果没有更深入的研究,结论不具有跨文化的推广价值。这也反映出,在组织人才吸引力的相关研究中,对宏观环境、文化等因素的关注远远不够。而环境因素在吸引过程中对组织和求职者都具有潜在的影响。

部分学者仅仅把组织人才吸引力看作是工作申请行动的前因之一,认为它是对求职者产生影响的早期阶段。这种通常在员工招募中考虑的狭义的组织吸引力,即求职者吸引力(Applicant attractiveness),是吸引求职者向组织发出工作请求的意愿(Saks et al., 1996; Carless & Imber, 2007)。Baber(1998)将组织人才吸引力从人力资源招募的角度分成了三个阶段:第一阶段在于创造求职者或创造工作机会,求职者对该企业的了解有限,仅能依据些许的信息或印象进行初步的筛选,当求职者决定前往公司应征时,表示该企业对求职者具有吸引力;第二阶段在于维持求职动机,求职者透过一些活动(如面试、现场参观等等)获取较为详细的信息,以决定是否参与后续的招募与甄选流程,当求职者愿意参与时,表示该企业对求职者具有吸引力(例如:当某企业给予求职者第二次面谈的机会时,求职者是否愿意前往面试);第三阶段为让求职者接受雇用,企业通知求职者已被雇用,而求职者必须选择接受或放弃该雇用机会。上述求职者在接受雇用之前的所有阶段,皆属于组织人才吸引力的范围。

Aiman-Smith等(2001)、Ehrhart等(2005)则将组织人才吸引力定义为一种态度或者总体上对组织正面的印象,把组织看作是一个理想的群体,即向往某一组织实体,希望采取行动与其建立进一步关系的积极的意愿,认为组织人才吸引力概念应该包含个人的心理意向与行为表现两个方面，也就是对求职者的一般吸引力（General attractiveness）及其求职意愿（Intentions to pursue）。

Highhouse、Lievens 和 Sina（2003），则将声望（Prestige）和一般吸引力（General attractiveness）评价、求职意愿（Intentions to pursue）并列为组织人才吸引力的三个组成成分，并认为组织人才吸引力的三个组成要素区别明显，能带来对组织选择的更全面认识；他们还根据 Fishbein 和 Ajzen（1975）的理性行为理论研究发现，组织一般吸引力与组织声望对求职意愿产生积极正向影响，而求职意愿对真正的求职行为或决策产生直接影响。Palivos Theodore（2008）的研究认为影响组织人才吸引力的原因有很多，主要的因素包括内部规模经济、外部规模经济、地方政府政策、知识的溢出效应、地方公共货物的供应和工资水平，可以通过微观计量学对人才集聚对不同因素的敏感系数进行测度。

Berthon、Ewing 和 Hah（2005）认为组织人才吸引力是求职者看到的为特定组织工作能带来的预期利益，并从此角度首次系统研究了组织人才吸引力的维度，设计出包含 32 个项目的雇主吸引力测量量表，随机对 683 名大学生进行抽样调查，归纳出：兴趣价值，包括令人兴奋的工作环境和新颖的工作实践；社会价值，包括愉快的工作环境、融洽的同事关系和团队氛围；经济价值，包括工资、总体薪酬、工作安全性和晋升机会；发展价值，包括认可、自我价值和自我信心、职业发展等；应用价值，包括运用所学知识教授他人等。在随机抽样 683 名大学生的基础上，得出以下结论：兴趣价值和社会价值为求职者带来心理利益，而发展价值和应用价值为其带来功能性利益。

Ehrhart 和 Ziegert（2005）总结了组织人才吸引力研究的三类"元理论"：认知过程元理论，研究信息是如何处理以及影响对吸引力的判断，认为由于不确定性的存在，个体直接或间接依赖于吸引力认知过程中的知识；社会心理元理论，个体对组织吸引力的评价，从社会心理出发，涉及自身的态度和观点；交互主义适配元理论，个人特性与环境特性（如工作、组织）的交互作用或匹配导致吸引。他们还建立了影响吸引力的一般预测因子、产出、调节变量的多水平结构框架，其中一般预测因子分为四类，分别是工作特性、组织特性、过程特点以及个体差异（作为其他三个预测因子和产出两者关系之间的调节变量）。

中国学者对组织吸引力的研究相对较少，Ching-Yi Chou 和 Guan-Hong Chen（2004），是对英国生物产业做的研究；国内研究相对多为本土化设计，实证少，梁钧平和李晓红（2005），张正堂（2006），胡蓓、翁清雄和杨辉（2008）等学者有相关研究成果。

王学义（2006）认为吸引人才区域聚集的因素包括微观、中观、宏观三个层面：微观层面因素指人才个体本身具有自发集聚的意愿，都愿意到知识更新较快、相关专业人才集聚、组织承诺效果更好、科技成果转化更快的环境工作，而工作满意程度是吸引人才的主要影响因素；中观层面因素主要是组织承诺，包括薪酬、工作岗位、工作环境等承诺；宏观层面因素主要包括社会经济文化以及科技人力资源组成的一些非正式组织等，它们影响了人才流动的社会成本，改变了其流动的收益预期。

刘宪宏（2009）认为组织为吸引中高阶主管这类高端人才人选时，必须更缜密地设计配套措施、薪酬与福利，可以透过工作上的规划与协调，创造中高阶主管对于工作的挑战与成就，并透过有效的管理机制来考核，以绩效来给予更佳的薪酬与福利配套方式。

张志华（2006）认为知识经济时代，企业间的竞争实质上就是人才的竞争，吸引人才、留住人才是民营企业发展的关键。他指出中小民营企业必须改变原有的用人观，实行人性化管理，用待遇、感情、激励机制来培养人才对企业的归属感和认同感，充分考虑人才的情感与自我价值实现，以此来吸引人才、留住人才，以此带动企业和人才的共同发展。

邵玮、罗瑾琏（2010）在越来越多的留学人员回国发展的背景下，运用了"扎根理论"分析了影响留学人员回国发展的因素，研究发现经济因素是吸引人才的首要条件，生活环境是吸引人才的必要保障，科研环境是吸引人才的催化剂。

到目前为止，组织人才吸引力的影响因素研究主要有：基于组织特性和工作特性的研究、基于个体特性的研究以及基于两者特性匹配的研究。在研究角度上，无非从客观角度研究组织特性和工作特性对人才的吸引力；从主观角度研究个体心理个性特征对组织吸引力感知的差异；从主客观匹配角度研究不同特性的组织与不同特性的个体的匹配性与组织吸引力评价间的关系。组织人才吸引力研究目前主要集中于微观层面，对中间组织、区域组织等研究较少。但组织人才吸引力的研究成果仍然具有重要的参考借鉴价值，尤其是其研究方法很具有借鉴和启示意义（周均旭，2009）。

二、产业集群与组织人才吸引力

产业集聚总是伴随着人才的吸引与集聚（Poter，1998；杨长辉和高阳，2003；吴勤堂，2004），人才的吸引与集聚有利于集群专业化生产，有利于增强集群的竞争能力。而产业集群竞争能力的提升也会反过来增强产业集群的人才吸引力（汪华林，2004）。产业的集群将吸引专业人才的集聚，人才集聚又将吸引产业集聚，形成一个良性循环。波特（2003）曾经非常生动地描述："对于产业而言，地理集中性就好像一个磁场，会把高级人才和其他关键要素吸引进来。"Markusen（1996）也曾经分析了不同类型的产业集群在员工忠诚方面存在区域、企业的层次关系和强弱差异，马歇尔型产业集群中员工受到集群区域的吸引，而不一定是企业的吸引。在定量研究中，关于产业集中度的许多文献，不仅关注产业集群对人才的吸引力，还将就业人口集中度与产业集中度等同，以就业人口作为重要的显示性指标来描述产业集群发展状况（Audretsch et al.，1996）。这些以往研究说明无论是定性研究，还是定量研究，产业集群的研究学者实际上都认定了产业集群对人才具有吸引力，产业集聚就意味着人才集聚（周均旭，2009）。

组织本身是具有多层次的特性的，组织研究中的大量问题需要进行多层次研究（Klein et al.，1994），特别是多层次决定模型在分析组织中个体行为的影响因素时被广泛应用；产业集群作为企业和市场的中间组织，其研究也存在多层次特点。产业集群的组织人才吸引力，由于集群的地理集中性可能会涉及宏观层次人才跨区域流动，而人才进入集群需要到微观层次具体的企业组织完成就业，因此可以认为也是多层次因素共同作用的结果。

产业集群的多层次特性决定了其各层因素相互嵌入的特点，产业集群嵌入特定的区域（鲁开垠，2006），而集群内的企业嵌入产业集群，人才则嵌入于企业和集群（Markusen，1996）。产业集群人才吸引力的影响机制是一个复杂的多层次决定模型，人才在企业中工作，企业嵌入产业集群，产业集群嵌入区域，人才吸引不仅会受到企业的影响，也必将受到企业之上更高层次因素的影响（周均旭，2009）。

产业集群是众多企业、组织、机构，地理集中、产业连接、协同生产经营的产物，企业间存在横向和纵向的各类联系（Porter，2000），协同产生集聚经济的竞争优势（李辉和张旭明，2006）。产业集群的组织人才吸引力效应也是一个协同整合的结果，由于区域优势、集群优势和企业优势得到了相互整合，产业集群相对于非产业集群更具备人才吸引力。

产业集聚和组织人才吸引力，在较早的时候就引起了许多学者的关注。约翰·弗里德曼（John Friedmann）是美国加利福尼亚大学洛杉矶分校（UCLA）教授，对发展中国家的空间发展规划进行了长期的研究，并提出了一整套有关空间发展规划的理论体系，尤其是他的"核心-边缘"理论，又称为"核心-外围"理论，已成为发展中国家研究空间经济的主要分析工具。弗里德曼利用熊彼特的创新思想建立了空间极化理论，他认为，可以将发展看作一种由基本创新群最终汇成大规模创新系统的不连续积累过程，而迅速发展的大城市系统，通常具备有利于创新活动的条件。创新往往是从大城市向外围地区进行扩散的。基于此他创建了"核心-外围"理论。核心区是具有较高创新变革能力的地域社会组织子系统，外围区则是根据与核心区的依附关系，而由核心区决定的地域社会子系统。核心区与外围区已共同组成完整的空间系统，其中核心区在空间系统中居支配地位。

弗里德曼非常重视核心区在空间系统中的作用。他认为，核心区位于空间系统的任一网络结构上，空间系统可以有全球级、洲级、国家级、大区级和省级水平，一个支配外围地区重大决策的核心的存在具有决定性意义，因为它决定了该地区空间系统的存在。任何特定的空间系统都可能不仅仅具有一个核心区，特定核心区的地域范围将随着相关空间系统的自然规模或范围的变化而变化。边缘区在发展上依赖核心，两者之间存在不平等的发展关系。核心区可以从边缘区获取剩余价值，使边缘区的资金、人口和劳动力向核心区流动的趋势得以强化，产业和人才向核心区集聚，构成核心区与边缘区的不平等发展格局。弗里德曼曾预言，核心区扩展的极限可最终达到全人类居住范围内只有一个核心区。

波特（1998）在《国家竞争优势》中首次使用"产业集群"（Industrial cluster）一词对产业的集聚现象进行分析，他在考察了十几个工业化国家后，发现产业集群是工业化过程中的普遍现象，几乎所有发达经济体中都明显存在着各种产业集群，他还认为产业集群对于吸引优秀人才集聚起到重要作用，他以意大利萨索洛地区瓷砖产业为案例，分析了产业集群的成长繁荣如何吸引有技术的工人和工程师涌入成功的企业中工作。

Audretsch 和 Feldman（1996）认为一个地区的激烈竞争也是吸引新企业加入的动力。产业集群一经形成，就会通过其优势将有直接联系的物资、技术、人力资源和各种配套服务机构等吸引过来，尤其是吸引特定性产业资源或要素。

杨云彦等（2004）指出，产业集聚实际上是工业化进行到一定阶段后的必然产物，是现代产业竞争力的重要来源与集中体现。区域分工与区域差异将促成产业集聚的形成与发展，而产业集聚又进一步深化了区域专业化分工与协作，促进了区域经济的持续发展。高度的专业化与精细的分工，激烈的竞争与紧密的协作使集聚区域内各组成部分形成网络关系。规模经济、外部性的存在、基于竞争与合作的创新优势、自然优势集聚力、人文凝聚力等是产业空间集聚的内在动力。由于知识和技术溢出效应形成高效率的劳动力市场、创新效应、规模经济等，产业集群的整体功能大于部分功能之和。区域内的产业结构与空间结构是密切联系的，一定区域内有着特定的产业结构与空间结构，两者相互作用，影响着区域经济的发展。

康胜（2004）认为，产业集群形成与发展的最基本动力，是内向的吸引力和凝聚力。内向吸引力致使体系中新生企业出现或体系外的企业向它集聚，从而使集群从小到大地扩展；凝聚力则使集群内的企业保持紧密的合作共生关系，维持体系的存在和发展。而市场机会、信任和合作、创新环境是构成集群向心力的基本因素。

Toulemonde（2006）从新经济地理角度建立了分析求解模型，认为企业的集聚可能源于工人对熟悉技能的投资：高技能工人赚取更高的工资并且拥有对商品的更大需求，而企业被需求吸引，选址接近高技能工人，随着更多企业对技能的需求增加，更多的工人投资于熟悉技能，最终企业全部或部分集聚在区域形成均衡。

黄坡和陈柳钦（2006）通过研究发现，外部性产生了产业集聚的主要向心力。在外部性的作用下，产业集群内的企业有着更高的比较优势、要素回报率，吸引着要素向产业集群地区流动和集聚，同时由于外部性的作用，企业可以共享产业集群的专有劳动力市场、专业化的中间投入品以及技术外溢，直接吸引大量企业的进入，甚至可以催生相关企业的诞生。大量企业的进入与产生最终导致更强的外部经济作用，从而对企业、生产要素产生更强的吸引力，并最终导致产业聚集的形成。

吴勤堂（2004）以人口聚集为出发点，分析了产业集群与区域经济发展的耦合。产业集聚必然带来人口的空间集中，这在为产业聚集提供充足劳动力资源的同时，也使集聚区的居民和企业均能从中获益。首先，人口集聚为厂商提供了大量的劳动力资源。其次，产业集聚区域居民则因之获得了择业的便利性，一方面节约了大量的就业信息搜寻的费用，另一方面则降低了求职、工作过程中的交通费用及时间成本，同时也提高了消费决策的有效性。最后，居民收入提高—消费能力上升—产品畅销—产业发展—吸收更多的劳动力就业—居民收入进一步提高，形成良性循环。而且人口的聚集又引起生活消费、住宅、能源、交通、通讯、文化教育、医疗卫生、金融、物流、咨询等基础产业的新需求与发展。所以产业集群带来了城区规模的扩大，城区规模的扩大进一步强化了产业的聚集功能，使城区、产业不断高级化。产业的高级化必然要带动和促进第三产业的发展，进而促进城市化水平的提高。

朱杏珍（2002）认为人才吸引和人才集聚是由利益因素、精神因素和环境因素三方面因素共同作用的结果，实施人才有效集聚应从制度环境建设入手，建立人才集聚机制及其相应配套机制，包括物质利益机制、精神激励机制、信息机制和法制体系等。集群内人才集聚有利于知识的积累，并产生竞争效应，有利于知识和技术的传播与扩散。产业集群是人力资源集群形成的基础，人力资源集群是为某一区域的产业集群服务的；产业集群的竞争优势可以通过人力资源集群得以良好地实现。程祯认为人才集聚环境是人才集聚的原始推动力，人才聚集效应体现了人才集聚对人才环境的反馈作用，进而对中国中西部地区的人才环境优化作探讨。朱杏珍（2002）还引入"羊群行为"理论对产业集群中的人才集聚现象进行了分析，她指出由于人才拥有的产业集群信息不可能是完全的，而且每个人对于这种信息的处理能力是不同的，人才集聚过程中存在"羊群行为"这一现象。

在目前，国内外关于产业集聚与组织人才吸引的相关研究主要集中在人才集聚的现象描述、原因的定性解释以及产业人才集聚的宏观定量研究层面，还有部分则是就人才集聚而谈人才集聚，强调循环累积因果和自身增强的作用，缺乏系统的、全面的、严谨的定量分析及实证检验，对产业集群中究竟是哪些因素在影响与吸引人才的流入，这些因素如何作用，应该如何采取措施提升产业集群的人才吸引力，很少有涉足。在一定意义上，关于产业集聚与组织人才吸引的相关研究分析，无论是微观的定性描述，还是宏观的定量研究，都还仅停留在表层的分析上，但是仍然对研究产业集群人才吸引问题有着重要的启示作用。周均旭（2009）认为在产业集群人才吸引力提升的协同整合策略的促进下，产业集群人才吸引将突破瓶颈，外部人才将不断流入，而内部人才能够持续成长，产业集群能够保持人才竞争优势，顺利进行结构调整和产业升级，推动产业集群的持续健康发展。

三、职业生涯发展与组织人才吸引力

工作本身是长期抑或是临时性工作，工作是否有轮调等，都是求职者在面对工作时将会考虑的因素。陈淑琦（1998）就认为工作稳定对于未来达成个人生涯预期具有很大的影响力，稳定的工作可使得生涯规划较容易达成先前的预期。求职者面对工作选择时亦要求工作的稳定性，这与大环境景气欠佳有密切关系，希望透过工作稳定以降低自身不安全感的产生（吴荣章，2003）。曾惠珠（2003）认为工作具前瞻发展性，员工会较愿意忍受目前的辛劳或不满意，用来换取未来的更丰富的报酬。

2003年《CHEERS》杂志在职场新人的工作期望大调查中，用"在什么情况下，你宁可暂时没有工作，也不愿接受企业所开出的条件"来检验求职者对求职的态度，回答"不符个人专长或兴趣"的高达21.3%，这项结果与台湾知名人力资源公司104人力银行一项针对社会新鲜人的调查相近，约有四分之一的求职者在找工作时，其实并不清楚自己适合做什么工作。乱枪打鸟，因此，便产生跳槽频繁、工作不稳定的状况，产生相对的呼应，显示新鲜人在谋职时不知如何做选择，在工作表现上容易显得迟疑、不确定，导致了工作的不稳定。大抵而言，企业主释放出来的工作机会被认为是一项稳定的工作，或者求职项目与求职者本身的兴趣相符，会影响求职者的求职行为（徐嘉禧，2005）。

四、学习发展与组织人才吸引力

教育训练是教育与训练的复合体，教育是指一个人的一般知识、能力的培养，包括专门知识、技能及生活环境的适应力之培养，为长期、广泛且较客观的能力发展；训练则指企业或某一产业为了提高员工在执行某个特定职务所必要的知识、技能及态度或培养其解决问题之能力的一切活动，训练是学习过程中的一部分，是从经验中学习某些事物的成绩，训练是在目前或未来的工作上帮助员工透过思想和行动，去发展适当的习惯、技能、知识和态

度，而获得效果的过程。企业新人选择应征企业的主要考量中，有良好的培训计划也是其中一个重要的因素；组织必须投注更多的注意力与资源在招募人才上，以利于吸引具有竞争力之人才，进而增加组织的竞争优势。当组织无法提供太多训练给员工时，可利用分权化的特性，来减缓前者对组织人才吸引力的负面影响（颜丽真，2002）。

关于升迁与进修，有研究指出公司内部升迁管道是否畅通，是否有成就感，职务升迁与个人生涯规划能否搭配，内部创业的可行性等，都成为新鲜人看待这份工作的考虑因素。曾惠珠（2003）就认为工作具前瞻发展性，员工会较愿意忍受目前的辛劳或不满意，用来换取未来的更丰富的报酬。田秀兰（2000）就认为不断的学习与训练，不但能充实自己，而且能减少生涯规划上的阻碍，使得员工在其工作领域中提升自我价值与专业能力，进而不断克服工作挑战。组织重视教育训练的程度以及能否提供员工进行在职进修学习，甚至是组织内的升迁制度健全与否，升迁条件为年资或能力当作考量，这些都是求职者在谋职期间的考虑因素（徐嘉禧，2005）。

五、组织特性与组织人才吸引力

Hannon（1996）对11060位日本大学生进行人才吸引力研究，发现组织的员工规模与组织人才吸引力呈正相关。组织的年龄虽然在某种程度上隐含着组织的传统和历史，但对组织人才吸引力几乎不产生影响。销售量意味着组织规模和实力，利润额反映出组织的成功和生存能力。对理工科学生而言，销售与组织人才吸引力呈正相关，意味着他们更愿意规避风险，偏好工作的稳定性和工作保障。文科生更看重组织的销售和利润，而不是员工人数，表明他们更注重短期和理想的前景，强调为组织和社会的成功贡献力量的意愿，而不是仅仅维持现状。组织中劳动力的规模与组织人才吸引力存在显著相关性（周均旭，2009）。

Barber（1998）以585位大学应届毕业生为样本，采用问卷法调查组织规模是否会影响这些潜在求职者的偏好，发现有六成以上的潜在求职者偏好大型企业，并在一开始谋职时，就完全排除了不符合他们规模偏好的组织。

Lievens 和 Decaesteker 等人（2001）针对 395 名应届毕业生进行的研究显示，潜在应征者更容易被较大规模的组织所吸引。

Taylor 等（1987）发现，组织的获利率越高，越能产生较高的人才吸引力。Rynes（1991）也表示，组织的获利能力对组织形象有正面的影响，具有较高的获利能力的组织将会产生比较高的组织人才吸引力。

Newburry（2006）分析了 4605 个调查对象对 60 家公司的评价，发现外国总部的公司吸引力较低，然而国际化程度越高的本国公司则越有吸引力，而且发现性别、种族、年龄和教育水平等对这些变量的作用也产生显著影响。

Turban 等（2001）对中国的员工进行了调查，控制了所有制性质、总部的国别、组织描述中对组织的熟悉程度等变量，测量它们对组织人才吸引力的影响，一般来讲，被调查者认为外企比国有企业更有吸引力，熟悉的公司比不熟悉的公司更有吸引力。

六、工作特性与组织人才吸引力

求职者的工作选择大多依赖于他们对工作属性的评价或工作内容的特性。组织人才吸引力的一个基础很可能就是感兴趣的工作特性。由于工作存在于组织内部，工作特性被视为组织价值观等组织特性的信号。因此，个体对工作特性的评价，不仅决定了他们是否被工作吸引，而且决定了他们是否为组织吸引。Taylor 和 Bergmann（1987）、Barber（1998）认为，工作特性在整个招聘过程中对吸引人才都产生重要影响，工作属性才是求职者做出最终工作选择的决定性因素。而求职者与在职员工具有相似的工作属性偏好，但是最重视与最不重视的工作属性正好相反，薪酬及同事是求职者最重视及最不重视的工作属性，而在职员工则最重视同事（周均旭，2009）。

Wanous（1978）运用期望理论，研究发现工作属性的效价（Valence）和感知到的工作获取这些属性的工具性，对于预测作吸引力和现实的工作选择非常有用。Aiman-Smith 等（2001）提供了工作特性对组织吸引力直接影响的实证检验。Chapman 等（2006）认为求职者对吸引力的感知，可以部分

33

由组织提供工作的特性进行预测。而新鲜人最爱的企业为外商公司,一般而言,外商公司带给社会大众的印象就是较高的薪资待遇。

Lieb(2003)研究"911事件"对求职者工作特性偏好的影响时,设计的工作特性包括:薪酬、福利、晋升机会、工作安全性、声望、良好的硬件环境、良好的同事关系、良好的上下级关系、工作自主性、公司声誉、挑战性的工作、有趣的工作、地理位置、工作压力、工作完整性、权力与影响、与他人工作的机会等等。

胡蓓、翁清雄(2008)曾归纳,工作特性主要包括工作内容和工作环境。工作环境是指工作氛围和条件,它是人们考虑是否到一个组织的重要因素,人们总是希望能够到一个具有比较舒适、安全的环境且具有良好文化氛围的企业中工作。Turban(1993)在工作吸引力研究中指出,工作是否具有保障以及工作本身的特性是组织吸引人才的重要因素。McMeekin 和 Coombs(1999)指出科技人才在选择职业时对工作意义、挑战性、自主性和专业匹配性的要求较高。Ching-Yi Chou 和 Guan-Hong Chen(2004)阐述了专业技术人员在寻找工作时,首先考虑工作的内容是否与他们的专业知识与技能相关,并且具有挑战性和意义;而薪酬位于其次。英国咨询机构 Roffey Park 于1999年进行的研究也表明,吸引员工留在企业的最主要因素是工作挑战性,而不是金钱。

七、薪酬制度与组织人才吸引力

薪资水平依照产业类别、地区类别及公司类别会有所差异,但薪资水平仍是大多数人选择职业的重要考虑,尤其对于新鲜人而言,由于缺乏前一份工作作为为背景参考,且对于职场生态仍欠缺了解,所以薪资仍是其考虑的主因(刘宪宏,2009)。曾惠珠(2003)就认为求职者多半会直接或间接了解企业的薪水平,而且会与同侪的薪资水平进行比较。Turban 和 Keon(1993)的研究以大学生为样本,通过实验设计研究发现以绩效为奖酬发放基础、采用分权化的组织,对组织人才吸引力具有正面影响。Bretz 与 Judge(1994)发现以个人绩效为基础的奖酬制度、采用比赛式的升迁制度(Contest mobility system）以及采用工作生活平衡制度的组织，比较能够吸引求职者。Aiman-Smith 等（2001）、Turban（2001）还探讨过升迁速度与组织人才吸引力的关系。叶桂珠（2004）于"企业激励薪酬设计因子对组织吸引力之影响——以高科技公司新进研发人员为例"研究中发现以员工绩效为调薪主要考虑因素、以股票认股权的方式发放奖金红利，对组织人才吸引力有正面影响，而高比率的变动薪资及依个人绩效发放奖金红利的组织与人才吸引力间没有显著相关。

温金丰（1998）从人力资源主管角度出发，发现内部型的人力资源制度（包括生涯发展、训练制度及奖金分红等实务），对组织的人才吸引力有正面的影响。Herman 和 Gioia（2000）发现职业生涯、学习发展、组织表现、薪酬制度等也与提升组织人才吸引力有关。Lievens 等（2001）以 359 位学生为受试对象，调查分权化、薪资结构、组织规模以及全球化程度组织人才吸引力之影响，结果发现，相对于集权化组织而言，分权化组织较具有组织人才吸引力。此外，也有研究指出组织分权化程度对组织人才吸引力具有正面的影响（Chapman et al.，2004；Lievens et al.，2001；Turban & Keon，1993）。

张正堂（2006）通过实证研究发现，相对于其他人力资源管理活动而言，只有职业发展、绩效评估与管理、薪酬管理三个方面受到人才的更多关注，对人才吸引力有显著影响，其中影响程度的大小依次为薪酬管理、职业发展、绩效评估与管理。组织的职业发展、绩效评估与管理、薪酬管理推行得越完善，组织对人才吸引力也越大。公平、优厚的工资、奖金以及完善的福利保障制度是组织吸引人才的有力"武器"，给予具有竞争力的薪酬水平可以吸引更多优秀的应聘者；通过培训、职业发展等活动，促进员工的长期发展；通过员工参与以及团队工作，员工享有自主性和决策权，有利于员工技能的发挥。因此，员工参与以及团体工作给予高素质人力资本充分发挥其拥有的技能和知识的机会，也有助于吸引优秀人才。

当然，薪酬及薪酬制度也是无法忽视的工作特性，是影响工作吸引力和工作选择的重要因素（Rynes，1987；Rynes et al.，1983）。组织的薪酬系统对组织吸引力的影响也引起较多的关注，薪酬系统对求职者来说好像一个信号的设计，透过提供求职者看得见的组织特性，影响求职者对工作和组织的吸引力（Rynes & Miller，1983）。组织通过公平、有竞争力的薪酬奖励体系，可以吸引更多优秀的应聘者。Cable 和 Judge（1994）以主修工程和旅馆管理的大学应届毕业生为样本，经由实验设计方式，依照学生对这些虚构组织的描述来测量这些潜在求职者前往企业谋职的倾向，经由回归分析发现，高的工资水平、弹性福利制度、以个人绩效为基础的薪酬制度以及变动薪酬比率较低的工资政策对求职者具有较强的吸引力；尽管不同类型的求职者对薪酬体系的偏好存在差异，只要组织知道它们理想的求职者偏好哪种薪资政策，就可以在不增加人事成本之下增加组织对求职者的吸引力。

八、组织的形象声望、文化与组织人才吸引力

Tom（1971）采用"组织形象"一词（Organizational images），它被定义为：个体在欠缺结构性知识下，对组织的一种知觉、信念和感觉。该形象也许模糊，也许清楚；也许弱，也许强；也许对每个人都不一样；也许不停地在改变。组织形象是一个组织在公众中的总体印象，也是影响求职者应征行为的主要因素（Fombrun & Shanley，1990；Rynes，1991）。Belt 和 Paolillo（1982）、Gatewood 等（1993）、Barber（1998）的研究也表明，发现组织形象在人员招募中非常重要，良好的组织形象增强了应聘者进一步接触企业的意愿，对于预测求职者决策具有较高的显著性。在所有其他条件都基本相等的情况下，组织形象越好，求职者越有可能申请。形象对于潜在求职者之人才吸引具有正面的效果，尤其是整体的商品形象和信誉。它代表着当组织在消费大众心中留下高质量、创新、顾客导向、可靠、诚信和专业的形象时，有能力得到潜在求职者的青睐（孙弘岳，2001）。因此，企业在投入人才市场前，必须先检视自己是否拥有足够的知名度和鲜明的形象（Peasnell，1998）。正面的企业形象就像一张好用的入场券，它可以帮助组织的成员赢得他人的尊敬，而达成许多个人能力未逮的成就（Fombrun，1996）。任永贞（2001）研究指出，重视社会责任之企业比较容易被大众所认同。

Dutton 等（1994）认为组织企业形象、社会责任表现、营运财务绩效表现以及重视创新成长对于组织在招募人才方面有着相当的影响力；如果受雇企业在外界有负面的形象，员工则会产生沮丧和压力。相对于大规模且已具知名度的企业而言，规模较小且知名度较低的企业，其招募形象的运用效果将更加重要。

组织声望是个体基于对组织形象的认知与个人的价值观和偏好，对组织产生的整体评价（Fombrun，2000；Dowling，1994，1998）。与形象相比，声望是一个战略性概念，其核心是组织围绕着无数的组织形象和实践建立的长期印象（Fombrun & Shanley，1990）。组织声望代表对组织"纯粹的"情感或行为反应好或坏、弱或强，即顾客、投资者、员工或普通大众对组织名字的反应。Greening 和 Turban 也曾指出声望高的组织可能会吸引更好的员工。

Powell（1984）表示，尽管组织可以透过招聘活动（例如面谈）来影响组织的人才吸引力，但求职者在应征前对组织形象的知觉，更是影响组织人才吸引力高低的关键。而潜在的求职者会较偏好拥有正面形象和声望的组织（Ashforth & Mael，1989；Barber，1998）。Highhouse 和 Lievens（2003）认为，组织人才吸引力并非仅由工作的功能性属性决定，它还受到成为特定组织成员的象征性意义的影响。功能性特征包括薪水、晋升机会、工作稳定性、工作繁忙程度、工作地点和福利；而象征性的特征包括诚挚、创新、能力、声望、健康五个维度。他们对比利时银行的研究发现，求职者不仅关注工作本身的可视的功能性特征（如工作环境、工作保障），还关注公司现有员工（真诚、自信）象征性因素，如创新性、竞争力等。象征性特征是区别相同行业雇主的主要因素，能将一家组织与其他组织区分开来，也会激发求职者在该特征方面的自我概念。因此，求职者会通过选择与自我形象匹配的雇主，来保护或增强自我概念，象征性特征甚至会比薪酬、晋升更能准确地反映公司吸引力。

梁钧平和李晓红（2005）的相关研究进一步指出，求职者关注雇主象征性因素的原因是不同的雇主具有不同的个性特征，求职者通过选择雇主来进行自我表达，从而满足其自我提升和自我一致性的需要。也有一些学者进一步研究了组织形象要素中的组织社会责任表现对求职者的影响。Wright 等（1999）发现，具有积极社会行为的组织更能成功地吸引到高素质的求职者。Fombrun 和 Shanley（1990）发现组织的社会责任表现会对组织人才吸引力产生影响，组织的社会表现好，往往能吸引到数量较多、条件较好的应聘者。Albinger 和 Freman（2000）认为，高素质的求职者，受过更多的教育，拥有更多的技能，有更多的工作可选择，他们比低素质的求职者更看重组织的社会责任表现，具有良好的社会责任表现有助于吸引到更多高质量的员工。

根据信号理论（Signaling theory），求职者在谋职前对于组织所获知的信息有限，一般只能由解读该组织相关事件或行为所传送出来的信号，来揣测他们未来的工作环境（Breaugh，1992；Rynes，1991）。求职者便由这些信号的知觉，来解读该组织的特性（Greening & Turban，2000）。尽管它只反映出个体对组织的主观描述，不代表实际的情形，但由这些不完整信息所形成的主观印象，是个人在做决策时的关键（Rynes，1991）。Turban、Forret 和 Hendrickson（1998）的研究发现，组织的社会责任表现和声望对其招聘吸引力产生正向影响。Greening 和 Turban（2000）进一步扩展了他们前期的研究成果，直接对被调查者测量了组织社会责任表现与人才吸引力的关系，检验了信息对认知的作用，再次证实了两者的正相关关系。孙弘岳（2001）认为企业在顾客心中所建立的信誉，除了有利于商品销售外，更可以强化其人才的吸引力，提高潜在求职者投效到该企业服务的倾向。

Backhaus、Stone 和 Heiner（2002）认为组织社会表现对工作选择过程非常重要，并在课堂上调查 297 名学生关于求职者对组织社会表现重要性的认知问题，研究了组织社会表现的 11 个维度对组织人才吸引力的影响效应，发现环境、社区关系、员工关系、管理多元化和产品事件这些维度对潜在雇主的吸引力有较大的影响。Bauer 和 Aiman-Smith 的（1996）研究也表明，个体受雇主环保形象的影响。Aiman-Smith 等（2001）发现组织的生态评分、解雇政策作为预测组织吸引力的因子，比工资和晋升机会更准确。

Reilly 等（1991）、Chatman 和 Caldwell（1991）、Cable 和 Judge（1996）、Judge 和 Cable（1997）、Herman 和 Gioia（2001）还研究了组织文化对于组织吸引新员工的重要性，证实了组织文化是影响组织人才吸引力的重要因素。

九、招聘过程及面试官情绪表达与组织人才吸引力

招募，最主要的工作在于寻找和吸引合格的应征者（吴美连和林俊毅，2000）。就求职者而言，更有60%~70%的大专应届毕业生表示报纸是其主要就业信息来源（吴晓芳，1996；陈若玲，1997；曾碧渊，2001）。

Collins 和 Stevens（1999）认为，在招聘过程中，可视性、社会网络以及常规实践都明显影响求职者对组织的认知度，从而有助于提高组织人才吸引力。Saks 等（1996）认为招聘过程中的真实工作预览对吸引求职者及其工作选择的影响，依赖于工作的报酬与其他工作属性。许多研究发现应征者会意识到甄选程序的公平性，且会把自己对甄选如何执行的知觉，当作组织吸引力的判断准则，换句话说，知觉到甄选流程的程序公平能让应征者更喜爱这家公司（Chapman & Webster，2006）。

社会影响力理论（Social influence theory）可以用来解释面试官正向情绪表达与组织人才吸引力的效应。该理论认为人际关系包括某种形式的社会影响力，人们借由社会影响力将自己所希望得到的奖赏极大化，并将人际互动的负面结果极小化（Ferris et al.，2002）。在人际互动过程中，影响者经常运用社会影响力理论的相关技术，以影响被影响者而达到既定目标。而在招聘面谈过程中，面试官（影响者）可能透过正向情绪表达，试图影响应征者（被影响者）的组织人才吸引力。而过去研究显示，拥有正向心情的面试官将对应征者知觉产生较高的组织人才吸引力（Goltz & Giannantonio，1995；Harris & Fink，1987；Schmitt & Coyle，1976）。Rynes 等（1983）以实验法研究面试官情绪与组织人才吸引力的关系，发现当应征者面对正向心情的面试官时，将会感知面试官是组织很好的代表、愿意参加再次面试、愿意接受公司录用并认为面试官所代表的组织会善待员工。Powell（1991）的研究也证实面试官正向心情会对组织人才吸引力造成影响。林玫玫（2011）认为面试官正向情绪表达可透过应征者的知觉与应征者的正向情绪影响组织人才吸引力。而干扰变项的研究结果显示，当应征者的工作选择机会多，或应征者对面试官的正向情绪表达作内在归因时，将会显著提高面试官正向情绪表达对组织人才吸引力的影响。

在招聘人员的特征，包括个性、行为、人口统计特征（性别、年龄、种族），以及招聘人员行为对组织人才吸引力的作用评价上同样出现了一些不一样的观点。最初，Schmitt 和 Coyle（1976）要求毕业生描述他们最近面试中招聘人员的行为，发现对招募人员特性的认知与接受工作的可能性存在强的关联性。Harn 和 Thornton（1985）认为，招聘人员的咨询行为能够让求职者感受到他们的热情，但并不会影响他们接受提供工作的意愿。Harris 和 Fink（1987）认为，招聘人员的人口统计学特征对工作吸引力等没有影响，但招聘人员特征或行为作为信号对组织人才吸引力产生直接影响。Taylor 和 Bergmann（1987）发现，招聘人员特征变量对求职者组织人才吸引力认知仅在校园面试阶段后产生影响，在其他时段没有作用。

Powell（1984）在剔除工作属性的作用后，发现招聘人员的人口统计特征对接受工作的可能性没有影响，并总结："过去的相关文献中，强调招聘活动，例如积极的招聘人员工作行为是求职者做出工作选择的决定因素，无疑是言过其实。"Turban 等（1998）、Turban（2001）都推断：招聘人员行为对组织人才吸引力不产生直接影响，但可能通过影响求职者对工作和组织特性的认知间接地影响其对组织人才吸引力的评判。Harris 和 Fink（1987）、Powell（1984）、Taylor 和 Bergmann（1987）的现场调查以及 Rynes 和 Miller（1983）的实验室研究都得到了同样的证实。工作属性比招聘人员对工作选择意愿的影响更强烈，控制工作属性后，招聘人员对求职者吸引力和工作选择意愿的影响明显地衰减到没有任何影响。Chapman 等（2004）认为组织和工作特性、招聘人员的行为、对招聘过程的认知、主观感知适配性、雇佣预期等都会影响组织对求职者的吸引力，都有预测作用，而招聘人员的人口统计学特征则与其无关。

在 Barrick、Shaffer 和 DeGrassi（2009）的文章中提及，应征者会透过两种无意识的过程，来影响面试官对应征者的评量。一是基准的启发（Norm activation），即应征者试图引发面试官去思考何为"好员工"的基准，包括想法与观念等。第二个程序是情感的评估（Affective evaluation），即面试官对应征者在情绪上的反应。虽然 Barrick 等学者在文章中将社会影响理论应用在面谈时应征者对面试官的影响战术，但同样地，面试官亦可以基于社会影响理论的观点，影响应征者的组织人才吸引力（林玫玫，2011）。

Hausknecht 等（2004）还研究了招聘过程对组织人才吸引力产生的一定影响，如：过程是否公平、分配是否公平、测试激励、对测试的态度。Carless 和 Imber（2007）认为面试人员特征，如热情、友好、工作知识、幽默、综合素质，可以显著地减少求职者的焦虑感等消极情绪，它对求职者吸引力和工作选择意愿具有直接和间接双重影响。McCarthy 和 Goffin（2004）认为求职者如果在面试过程中经历了压力和不安，就会降低对组织吸引力的评价，更不会接受其职位。Truxillo 等（2004）认为，公开选拔的程序、提供工作相关测试的信息和解释，使求职者感知人事选拔的公平性，从而提升求职者对组织吸引力的评价。Carless（2003）却认为，组织和工作属性相对于选拔特点，对组织吸引力和工作接受意愿具有更多的预测性。选拔特点和工作、组织属性通过招聘过程对组织吸引力的认知产生影响，但对实际的工作选择并不产生影响，事实上求职者在正式的招聘过程开始之前就已经决定了是否接受工作。

第二节 人才战略理论

一、人才战略的概念

"战略"（strategy）一词最早是军事方面的概念。战略的特征是发现智谋的纲领。在西方，"strategy"一词源于希腊语"strategos"，意为军事将领、地方行政长官。后来演变成军事术语，指军事将领指挥军队作战的谋略。

在中国，"战略"一词历史久远，"战略"这个词首先应用于军事，"战"指战争，"略"指"谋略"。春秋时期孙武的《孙子兵法》被认为是中国最早对战略进行全局筹划的著作。在现代"战略"一词被引申至政治和经济领域，其含义演变为泛指统领性的、全局性的、左右胜败的谋略、方案和对策。战略是智慧，战略是选择，战略是灵感，战略是洞察力。从20世纪80年代开始，战略拓展到我们国家的经济社会，21世纪战略又拓展到人才领域。

人才战略是国家为实现经济和社会发展目标，把人才作为一种战略资源，对人才培养、吸引和使用做出的重大的、宏观的、全局性构想与安排。人才战略的本质是一种战略资源，人才战略的核心是培养人、吸引人、使用人、发掘人，人才战略是对未来的思考，着重研究人才对推动企业可持续发展、长远发展的作用。

人才战略是关系到国家长远利益和全局利益的谋划。它有层次与类别之分，既有国家级的人才战略，省市级的人才战略，还有不同产业与行业的人才战略，甚至大中型企业也应该有自己的人才战略。科学的人才战略要从国家长远利益和全局利益出发，根据所处的层次、类别与当前的情况，确定与经济社会发展方向相一致的目标。人才战略之所以重要，就在于它能使有关部门和管理人员以一种明确清晰的方式确定和阐明"与人才管理有关的问题"；当然，人才战略可能是比较概要的、比较远期的、比较综合的，但是可以肯定，它能够为人才管理人员提供方向性的指导。人才战略需要经由有关部门和管理人员通过不断推进的多项活动过程来实施；主要包括人才获取、人才保留、人才发展；其中又可细分为国民教育、人才开发、人才引进、内部竞聘上岗、外部公开选拔、吸引人才的软环境与硬环境建设、科学的考核制度与薪酬体系构建、职业生涯设计、职业培训、个人发展空间提升、人力资本投入等。

20世纪80年代以来，世界各国越来越意识到人才对于国家竞争力至关重要的意义。许多国家相继推出"国家长远发展构想""新技术革命对策"等旨在发展高科技的战略，如法国的"尤里卡计划"等。全球人才的争夺战不仅在发达国家和不发达国家之间、发达地区与不发达地区之间进行，而且发达国家之间也相互攫取高层次人才。20世纪80年代中期，日本利用雄厚的资金优势，在美国大批收买和兼并各类公司，高薪聘用美国各类专门人才，挖美国的墙角。美国的大公司也从诸如日立、东芝和日产这样的公司和日本大学招聘一流的科学家。在这个过程中，发达国家显示出咄咄逼人的人才战略态势，而相对弱势的国家和地区则只能被动地应对，针对性地采取一些政策进行抗争。人才战略成功与否，关键的环节在于战略的制定和实施者的人才定位、采取的政策与环境等因素是否配合以及走可持续发展之路。一方面，人才战略的定位受制于这些环节因素，缺少强大的经济实力为基础，许多优惠政策就失去其应有的吸引力。另一方面，经济发展也与人才状况密切相关，各国的经济发展历程都说明了这个基本规律。不同国家和地区在不同的经济发展时期，人才战略模式的定位也是不一样的，实行的人才政策层出不穷（胡孝德，2004）。

进入21世纪，经济全球化趋势明显增强，科技革命迅猛发展，产业结构调整步伐日益加快，经济技术和综合国力的竞争日趋激烈，世界各国特别是工业发达国家都在千方百计地争夺智力资源，人才已经成为一个国家经济建设和社会发展最重要的因素（刘赟，2005）。我们都知道，知识经济实质上是一种以人才资源为主要支柱的经济，人才资源已经成为各个国家或地区竞争的主要目标，因而制定具有竞争力的人才发展战略已成为各个国家或地区的重要任务（赵丽娜，2009）。由此，党的十六大报告就明确提出：要造就数以亿计的高素质劳动者、数以千万计的专门人才和一大批拔尖创新人才，并强调要高度重视和培养年轻人才。这充分显示了人才资源在社会进步和经济发展中的基础性、战略性和决定性的作用，对我们研究人才战略，应对经济全球化的挑战和把握机遇，推动我国经济和社会的可持续发展，具有极其重要的指导意义。

二、人才战略的三类模式

按照人才战略的主动性程度划分，我们可以把它分为三类模式：领先型模式、赶超型模式和追随型模式。

领先型模式，指的是以高级人才为核心的一整套人才全面培养、引进、使用和发展政策、方针、导向的总称。采用该战略模式的国家和地区，大多经济实力强大，原来的人才基础就已经相当雄厚，人才培养设施齐备，科研经费充足，工作条件良好，人才成材率高。这些国家或地区的人才水平总保持在最高水平，形成世界性（国家性）的高层次人才中心，能够提供其他国家所不能提供的就业机会。最为典型的国家是美国、日本等发达国家。领先型模式的根本基础在于，产业结构领先性提高了高层次人才的边际生产率，充分发挥高素质者对经济的推动作用，并带动了各种不同人才层次的合理配置，使人才与经济发展形成良性循环。为了保持经济竞争力的优势，这些战略主体以经济强势为后盾，通过提供丰厚的物质条件和富有诱惑力的发展机会等方式，从外部引进世界级"精英"，从而形成"内外一体"的人才发展体系。

赶超型模式，指的是围绕"经济赶超"所采用的实用性较强的人才培养、获取和使用的政策、方针、导向的总称。采用这种人才战略的国家和地区，大多经济发展速度较快，并已经拥有一定的经济实力。比如亚洲"四小龙"和发展中国家的一些较发达地区等。这些国家和地区的经济基础相对落后于发达国家（地区），经过一定时期的发展，已取得令人瞩目的成就。经济增长的支柱人才需求日趋迫切，经济发展的潜力很大，已流失的人才部分开始回流，经过一定的人力资本投资，人才结构逐步得到改观。由于经济发展不稳定，人才的流动还是会出现反复。

追随型模式，指的是以扭转经济困境为核心的人才培养、引进、使用和发展政策、方针、导向的总称。采用该战略模式的国家和地区，大多经济实力薄弱，缺乏支柱产业，人才较匮乏，人才结构失调，教育效果较差，教育与经济发展脱节。一方面，教育经费紧张，另一方面，优秀的人才在本地区得不到合理使用，出现人才外流现象。为此，经济发展的核心是突破现有发展瓶颈，找到经济发展的突破口。人才战略也就具有针对性和前瞻性。追随型人才战略主要有三种策略形式：（1）人才培养策略。由于经济基础较薄弱，这些国家和地区不可能提供充足的教育经费。但是，为了获得经济的突破口，就必须模仿一些发达国家、地区的人才投资模式，以期与发达国家、地区进行配套，取得经济发展。（2）人才获得策略。在经济较不发达的国家或地区，自身尚无实力充分发挥人才的优势，就需要借助外部的资金和条件，吸引大量的人才回归和外部人才的加入。（3）人才使用战略。宏观环境的不足限制了人才微观的使用效率。政府需要在人才战略中扮演主要的角色，完善劳动力市场的社会功能，帮助企业转变用人观念、提高管理水平，推动产业结构不断升级（胡孝德，2004）。

三、西方发达国家（地区）人才战略

在西方国家，早期的人力资源规划更多是微观企业的一种管理活动（曾湘泉，2007）。面对国际人才竞争的新态势和人才流动新趋向，发达国家纷纷推出了开发和吸引国际人才的新战略，极力争夺国外人才，力图保持吸引国际人才的优势地位（北京市人事局，2006）。20世纪70年代，政府部门开始制定并实施人力资源规划，但仍局限于微观层次的政府部门内部。从20世纪90年代起，以美国为代表的发达市场经济国家，纷纷制定区域性或部门性人力资源战略规划，以有效指导宏观人力资源开发与管理。其中比较具有代表性的有：《加拿大渥太华2020人才规划》《美国明尼苏达州2001—2006年人力资源战略规划》《美国纽约劳工部关于人力资源的五年规划》等，都充分体现了政府在宏观人力资源管理中的服务观念（赵丽娜，2009）。

随着科学技术的突飞猛进，欧美等一些发达国家开始认识到高层次人才在经济增长中的极端重要性，采取了吸引他国人才的战略。如美国、加拿大、英国、德国、澳大利亚等，纷纷修改移民法案，提供种种优厚条件，千方百计吸引国外高级人才，加剧了发展中国家高级人才的外流。美国2001年通过一个法案，撤销外国科技人员在美工作的限制；英国在2000年向信息技

术人才放宽了"劳动许可证"制度；芬兰出台了一项新政策，只要某个外国人掌握高科技，那么对他可以降低税率，降低到当地纳税人的58%；日本也摒弃了过去的"排外倾向"，修改了出入境管理条例，不惜重金大力从美、英、德、法等国家引进技术和人才（刘海英和吕秀美，2003）。

美国的人才战略主要是通过高等院校、科研机构吸引造就精英人才。美国重视人才交流与合作，特别注重对新颖设计思想的引进，对实验室的科技人员实行"松散式"管理模式，课题组长可以根据需要招聘外籍专家。英国的人才战略通过工作签证优惠政策、外来移民工作许可证制度调整政策及大幅提高在高科技、基础科研和高等教育领域有突出贡献的人才的工资待遇来壮大自己的人才队伍（于海洋，2005）。加拿大多次修改移民法，对发达国家的技术人员和发展中国家有所专长的人才，最大限度地简化签证手续。第二次世界大战以来移民加拿大的人数达550万，其中很大一部分是科学家、机械师等优秀人才，对加拿大经济增长、科技进步、教育和医疗业的发展起了重要作用。日本的人才战略主要为：不仅提高科技人员待遇、大力发展理工科教育，还积极推行人才国际化战略，以吸引更多的国外人才。日本吸引人才主要有以下四种途径：一是聘请外籍专家；二是举办国际性学术会议；三是建立海外实验室；四是广招海外人才。

美国、日本和加拿大吸引海外人才的战略和措施，有以下几个共同的特点：一是把吸引海外人才摆到国家战略的重要地位来研究和落实；二是通过制定和实施强大的政策体系来支撑整个吸引海外人才的战略；三是充分运用移民制度，通过发放绿卡来吸引海外人才；四是近年来吸引海外人才的重点向其国内紧缺、急需的高级优秀人才倾斜；五是企业是吸引海外人才最重要的主体（北京市人事局，2006）。

四、新兴国家（地区）和发展中国家（地区）人才战略

面对发达国家的吸引和截留留学人员的强大攻势，发展中国家、新兴工业国家和地区，包括中国台湾地区，也采取了一系列有效的战略对策，争取留学人员回流，围绕留学人员展开激烈的争夺。

印度是南亚次大陆发展最快的国家，印度以惊人的低成本培育了大批的人才，同时也经历了长期的"人才流失"。自20世纪60年代开始，印度优秀专业人员就开始大量流向西方，如以工科著称的印度理工学院的毕业生中近1/4去了国外的公司。印度政府为了大批吸引在国外工作或学习的印裔高科技人才归国效力，制定并实施了一系列务实的政策措施，为人才特别是国内急需的高科技"海归"人才搭建能够让他们充分施展才华的舞台。从20世纪60年代开始，印度政府就投资创建了"科学人才库"，负责接纳愿意回国工作的印度人。从80年代开始，印度政府对软件产业实行了一系列政策优惠，创造了良好的投资环境，为海外留学或者工作人员回国开办软件企业或者从事软件开发工作大开"绿灯"。1992年实行全方位的经济体制改革后，为吸引人才回国效力，印度政府更是花巨资兴建了科学城，作为国外人才回国工作、为国服务的永久性基地。近年来，印度的高科技产业迅猛发展，已成为世界上重要的计算机软件开发基地（北京市人事局，2006）。印度城市班加罗尔就被世人称为亚洲硅谷。

　　很多发展中及新兴国家和地区，都有过大量优秀人才流失的痛苦经历。通过吸取经验教训，其政府通过采取一系列的有效举措，在人才队伍建设方面取得了相当良好的成效，主要有：（1）吸引人才纳入国家或地区发展规划，并长期坚持；（2）切实加大投资力度，建立和完善有竞争力的薪酬激励机制，努力为人才创造良好的居住环境和创业环境；（3）成立专门的机构，全面协调和管理吸引人才工作；（4）充分利用各方面的资源，加强与人才的联系，力争实现团体引进。

五、我国人才战略

　　面对经济全球化加速发展和知识经济日益显现的新形势，特别是我国加入WTO以后人才竞争日趋激烈的趋势，我国，尤其是国内部分地区如沿海发达地区已经积极行动起来，采取各种人才战略，加快了吸引人才的步伐。我国是世界上最大的发展中国家，虽然国土辽阔、资源丰富，但是由于人口多，底子薄，人均资源相对不足，国情决定了中国的发展必须坚持"以人为本",走人才强国的道路。

科学制定人才规划、合理优化人才战略、深入推进人才队伍建设,是妥善应对国内外发展环境重大变化,深入贯彻发展科学发展观和全面建设小康社会的宏伟目标。《中华人民共和国国民经济和社会发展第十二个五年规划纲要》强调科教兴国和人才强国战略,以教育的发展来繁荣人才战略;提出要大力实施人才强国战略,坚持服务发展、人才优先、以用为本、创新机制、高端引领、整体开发的指导方针,加强现代化建设需要的各类人才队伍建设,为加快转变经济发展方式、实现科学发展提供人才保证。随着人才强国战略的深入实施,我国加快了国际化人才建设步伐。在国家层面,大力实施高端引才计划,目前已分7批引进1653名海外高层次人才,其中851人在世界知名高校、科研院所、企业拥有相当于教授的职务,基本形成了覆盖各领域、各年龄段的引才体系。人才国际化政策也不断完善,目前,我国已初步形成了具有中国特色的人才政策法规体系,国际人才政策的集成度提高,逐步涵盖国际人才培养、引进、使用等人才开发的各个环节,不断与国际惯例接轨,政策的调节范围扩大,从机关、国有企事业领域向外资、民营领域扩展,人才国际化政策在促进我国经济社会国际化发展方面发挥了积极作用。在进行人才引进的同时,我国积极进行国内人才培养,建立健全人才选拔使用机制。选拔使用人才是实施人才强国战略的关键环节。改革和完善人才选拔使用制度,建立科学规范的人才选拔使用制度,形成富有生机和活力、有利于优秀人才脱颖而出的选人用人机制,对于实施人才强国战略具有特别重要的意义。

从地方上来看,随着对外开放力度的进一步加大和融入经济全球化程度的加深,上海人才的规模越来越难以满足实践的需求。为了在有限的时间内实现超常规、大规模的人才集聚,上海提出了构筑国际人才高地的宏伟目标,加大吸引人才的力度。为此,上海制定了外籍人才引进、留学人才回归、本土人才提升三大战略,并出台《上海市引进海外高层次留学人员若干规定》等多项优惠政策,积极参与国际人才竞争。截至2003年1月底,上海已吸纳回归留学人员3.2万人，占全国回归总数的1/5，全市共有留学人员企业2400家，总投资额超过4.2亿美元，成为上海经济新的增长点（吴从环，2003）。据专家估计，在未来10年左右的时间内，上海还需要吸引20万人次的高级人才。作为中国改革前沿阵地的深圳市将引进人才作为工作的重点，以推动深圳的二次创业和发展。为此，深圳推出了引进人才的多项重大举措，大力引进外向型、复合型、懂技术、会管理、熟悉国际惯例和国际运作的高层次人才，全面吸引人才来深工作和创业，着力打造国际人才"自由港"。广州作为我国著名的侨乡，不但拥有丰富的海内外华人华侨资源，而且具有最广泛和强大的民间资本投资能力，因此广州在吸引人才方面具有得天独厚的优势。特别是"中国（广州）留学人员科技交流会"（简称"广州留交会"），在广州市政府的高度重视和大力支持下，已经发展为广大留学人员与内地企业交流合作最有影响力的平台。目前，广州市引进人才的政策已做了调整，主要转向引进高学历高层次的人才（北京市人事局，2006）。广州市未来人口计划控制在1500万，现有人口1000万，今后500万增量人口将由高层次人才来补充。

我国的人才战略规划经历了项目规划阶段、短缺型规划阶段、工作型规划阶段和战略型规划阶段。呈现五个发展脉络：从人员的简单型管理到人才资源的战略型开发；从人才计划发展到人才规划，再到人才战略；从微观的人才计划发展到宏观、微观并存的人才战略；从临时的、零散的和个案性的人才计划发展到长远的、系统的和整体性的人才战略；从实践探索到理论研究，并逐步形成比较完善的人才战略规划学科体系（余仲华，2005）。2003年，由中共北京市委组织部、北京市人事局和中国人民大学劳动人事学院组织的"首都人才发展战略研究"课题针对北京21世纪人才工作所面临的机遇和挑战，从战略背景、战略愿景与目标、战略对策以及战略实施的领导与监控，包括战略目标的分解与实施、战略的监督与监控、战略实施的组织保障等方面进行了全面的分析与探讨，属于典型的学院型人才战略规划（赵丽娜，2009）。吴隽、张敏从产业结构、就业结构、人才结构、教育投资等方面针对黑龙江省在经济发展中的人才战略问题进行 SWOT 因素分析,即机会、威胁、优势和劣势四个方面因素的简单归纳,并提出人才队伍建设的对策建议(吴隽,2005)。国万忠(2005)提出人才发展战略的制定应当以可持续发展理论为指导,着眼于社会的不断进步和中华民族伟大复兴的战略目标,科学对待人才这种优质资源。另外还有许多学者从人才结构的角度提出了自己的观点。

第三节 人才流动理论

一、人才流动的基本概念

人才流动是二战后经济学的研究新领域,是指人才与一定生产或工作条件的动态配置与组合,是劳动者与生产资料重新组合的过程。在西方工业组织中,帕拉斯曾将人才流动定义为个人跨越了社会系统的成员界限的身份变动,即指人才从一种工作状态到另一种工作状态的变化(花军委,2007)。人才流动有狭义和广义之分,狭义的人才流动指人才在组织间的流动,也就是我们通常所说的"跳槽";广义的人才流动是指人才从一种工作状态到另一种工作状态的变化。广义的人才流动不仅包括人才在本部门、本企业内的流动,也包括人才在部门间、企业间甚至行业间的流动以及人才的外派学习或技术知识引进等内容(张弘和赵曙明,2000)。人才流动是一个空间概念,它既包括一国国内的人才流动,也包括人才国际流动。

人才国内流动是指人才在一国范围内工作领域、工作岗位以及地区之间的流动。人才的国际流动是指人才跨越国界的流动。著名的经济学家舒尔茨曾指出:"空间、能源和耕地并不能决定人类的前途,人类的前途将由人类的才智进化来决定。"(Schultz,1971)国际竞争是人才的竞争。人才资源开发已经成为世界各国经济发展和社会发展的战略重点,人才资源已成为经济发展和社会发展的第一资源。由此,"人才争夺战"在全世界范围内"打响"。西方发达国家在这场没有硝烟的战争中充当了急先锋的角色。发达国家除了大力培养自身人才、采取措施留住人才外,更加重视以"短、平、快"的方式从其他国家尤其是发展中国家和地区抢人才、挖人才,形成了一场波及全球的人力争夺战(陈韶光,2004)。从20世纪60年代初至80年代末的30年中,发展中国家共损失140多万名人才,并以每年10万人的数字递增,造成的直接经济损失高达700至1400亿美元,间接损失则无法计算。目前发展中国家每年外流的人才中60%以上为富有经验的专家,具有博士学位的占到了15%(晏佩芳,1992)。据统计,1978—2002年,我国累计派出各类留学生达58万人,然而回国服务的只有近15万人,有近3/4的中国"学子"未回国工作,其中去美国留学的21万人,归来的只有5万人。

目前,我国关于人才国际流动的研究相对很少,专题性的理论研究就更少,学者们往往将人才国际流动作为人力资源利用和管理的一个方面来研究,较少有人分析人才国际流动对我国经济发展的影响以及我国政府所采取的一系列政策措施。按照人才学的基本观点,相对于过去超稳定的人才结构而言,人才流动有利于科技知识和信息的交流,减少人才的积压和浪费,能够充分发挥人才的作用,营造一种让人脱颖而出的环境,从而推动市场经济的发展和科学技术的进步。人才流动与物质流通是不同的。物质从甲处流向乙处后,一般不会再对甲处产生作用。而人才从流出国流向接收国后,可能会出现两种情况:一是不再与流出国保持联系并对之产生影响,称为一去不复返;二是仍会与流出国保持联系并对之产生作用。前者才能称作严格意义上的人才外流,后者只能称作人才外留或者人才滞留不归。对于未在外国办永久居留者,可能会出现上述两种情况;对于已在外国办永久居留者,同样也可能出现这两种情况(陈韶光,2004)。

二、国际人才流动研究

人才国际流动是一种世界性的社会现象。只要一国打开了对外交流的大门,只要国家或地区之间存在着经济、政治、文化和社会生活水平等诸方面的差异,人才流动就不可避免。国与国之间的人才流动自古以来就存在。这种跨国、跨地区的人才流动作为一种载体，促进了各国科技与文化的交流。人才国际流动的途径主要有两种：一是移民迁移；二是出国留学和回流。人才资源的大量外流，促成了所谓的"技术逆向转移"（Reverse transfer of technology），加强了富国更富、穷国更穷的马太效应。如果以第二次世界大战为分界线，我们可以发现，二战后的人才流动相对于二战前的不同之处在于：(1) 在流动规模上要大许多，很多第三世界国家都先后出现过不同程度的"出国热"；(2) 流动的人才也不再局限于学者和学生，而是几乎涵盖了所有的人才；(3) 在流向上也初步形成了由南到北、由东到西，即由不发达国家到发达国家的趋势。这种人才流动，使得人才派出国都程度不同地受到冲击和影响，其消极影响的程度亦是不可低估的（陈韶光，2004）。

国际社会关于人才国际流动研究的主要观点有：(1) 纯经济模式。即把人才流动单纯地类比为移民所体现的人才的跨国流动。伊兰伯格和史密斯所著的《现代劳动经济学》一书论述了劳动力流动的决定因素这一问题。很多研究者的注意力都集中在讨论人才接收国的"拉力"效应和人才流出国的"推力"效应上。几乎所有作者都认为不发达国家的经济和生活水平的低水准促使其学者和其他专业人员离开这些国家，而工业发达国家又以其所具有的极高的经济条件和较丰厚的物质待遇来吸引他们。(2) 综合分析模式。即把发展中国家的人才流动当作人的一种社会行为来考察。该模式认为，人才流动不仅取决于经济原因，也取决于社会文化原因和政治原因；不仅取决于包含这种种侧面的客观环境，也取决于能动地反映客观环境的主观动机。在经济原因中，既有使发展中国家的某些人才认为外流值得向往的因素，又有使他们的外流得以实现的因素。其中 William Glaster 认为："收入水平不是决定回归故国还是长居国外的主要因素，而且经济的更高发展事实上并不能减缓人才外流。" Ishumi Abel（1982）列举了非洲人才流动的四大因素：专业人员在国内外所学专业不符；国内外的技术环境、工作条件不同；各国间的经济待遇不同和国内政治上的不稳定。研究中东人才流动的学者也把人才流动看成政治、经济、文化畸形发展的症状。Samia EI-Saati（1979）认为，埃及的人才流动反映了三大因素:"反感因素""诱惑因素"和"移民自身的因素"。(3)宏观社会过程模式。这一模式探究的理论依据是世界体系理论。这一理论倡导者指出:"第三世界处在世界教育和学术体系的外围,而工业国家构成其中心。"(Althach,1977)处在中心的大学和研究机构提供被广为接受的理论模式和研究方法。外围大学因资源匮乏,则被迫接受指导以进行能为中心接受的研究。在这种状况下,学者和学生势必会被吸向中心,从而不仅剥夺了第三世界国家所必需的劳动力,而且也导致了一种向中心国家的资本外流(Hayhoe & Hense,1984)。

三、国际人才流动的方向和特点

国际人才流动的方向主要有两个:(1)人才从发展中国家流向发达或较发达国家。据联合国开发总署的统计,目前发展中国家和地区在国外工作的专业人才已经达到150万人,并以每年10万人的数字递增。其中亚太地区人才流失最为严重,自1990年以来,历年在美国取得理工科专业博士学位的中国学者人数已经超过中国自己授予学位的博士人数。仅1995年一年,就有2751位中国学生在美国取得博士学位,占当年留美学生所获博士总数的10%,高居各国留美学生之首,然而回国人员却是少之又少。(2)从发达或较发达国家流向发展中国家。在今天全球人才大流动中,人才流向发达国家的格局没有根本变化,但由于经济全球化和科技革命给了发展中国家和地区后来居上的机会,使它们可以通过在某些领域或行业的突破,大大提升自身的竞争地位,从而改变竞争的格局,引发人才向发展中国家或地区流动。这种流动主要有三种情况:一是由资本追求利润引起的流动。主要是跨国公司和企业在争夺全球市场过程中引起的人才流动。二是发达国家人才个人事业发展机会引起的人才流动。现在,移民海外的美国人主要前往墨西哥、德国、英国、匈牙利、加拿大、日本、澳大利亚、新西兰和以色列等传统上美国人愿意迁居的地方,不过他们也选择更多不同的地点,如捷克共和国、中国香港、印度甚至南非(刘永涛,2001)。三是回国创业引起的人才流动。主要是发展中国家的出国留学人员在学有所成后,回流母国,创办实业,寻求发展引发的人才流动。在人才国际流动中，不论是人才从发展中国家流向发达国家，还是从发达国家回流到发展中国家，或是人才在本国不同地区的流动，都表现为以下六个方面的特点：（1）人才流向高科技产品市场；（2）高科技人才流向研究与开发水平高的地方；（3）人才流向适合自己创业的地方；（4）人才流向能体现自身价值的地方；（5）人才流向有吸引特色的地方；（6）人才流向具有"马太"效应（陈韶光，2004）。然而，从整体上来看，国际人才流动也呈现出以下特点：（1）从发展中国家（地区）向发达国家（地区）流动；（2）从社会和政治不稳定的国家流向相对稳定的国家；（3）人才流出国出现大规模的人才回归潮；（4）对外争夺与对内激活的力度不断加大（梁伟年，2004）。

四、国际人才流动的主要影响因素

影响人才国际流动的因素包括三个方面：人才流动的内因、外因和判断力。内因包括自身条件、心理因素、文化素质和工作能力等。外因包括各国的政治、经济、文化、政策、时间和空间等的差异。判断力则是个人根据其内因和外因做出是否流动决定的能力（陈韶光，2004）。我们分别把它们分成几个小类：

（一）个人层面

（1）事业发展和自身价值的体现。人才总是流向事业发展和自身价值能充分体现的地方。但是，对于事业发展和自身价值的体现有个人本身的判断问题，不同的人在不同的时间和空间上的判断往往是不一样的。（2）家庭因素的影响。一般来说中国人的家庭观念比较浓厚，对其作为配偶或父母的责任都看得很重，因此，对子女教育和发展前途的考虑以及家庭的纽带作用，必然成为这些人决定是否回国的一个重要因素，对其中一些人来说，甚至是决定性的因素。（3）年龄因素。在决定是否流动的时候，年龄是一个极其重要的因素。

（二）宏观经济因素

（1）经济总量。人才总是会自然地从经济总量低的国家流向经济总量高的国家。同样，人才流出的国家其人才的回流，也与本国的经济总量及其增长密切相关。(2) 产业结构。掌握了大量专业知识技能的高科技人才流入一个国家，不只是考虑经济收入，还要有适合他们发挥专业的环境。(3) 研究与开发和教育水平。一个国家研究与开发和教育水平对于人才流动也是很重要的。研究与开发是培育人才的载体，也是使人才能够发挥其作用的温床。一个国家研究与开发和教育水平越高，对人才的凝聚力越强。据联合国开发计划署调查显示，当教育经费占国民生产总值5%以上，研发经费占国民生产总值1.9%以上，科学家工程师人均研发经费达每年6万美元以上，从事研发的科学家每百万人口有1500人以上时，归国的海外人才就大幅度增加（黄焕山，2001）。

(三) 人文因素

(1) 人际关系。一个国家的历史越悠久、文化越深厚，人与人之间的关系也越丰富和复杂。西方国家的人际关系要相对简单一些，尤其是在北美地区。一些文化深厚的亚洲国家，人际关系相对复杂，特别是我国的情况更为突出。复杂的人际关系影响了发展中国家吸引本国海外人才的回流。(2) 文化差异。文化差异使得留学人员在国外不可能享受到完全相同的待遇，其中相当一部分留学人员要经受失业、转行、种族歧视，得不到尊重，忍受远离祖国家乡以及失去亲情友爱的孤独等困扰。(3) 母国的向心力。"荣归故里""落叶归根"的母国情结使海外学子对祖国的建设和发展有一种责任和义务。即使一些不能回国的海外人才也会心系祖国，通过各种途径和方式为祖国服务。这种母国向心力是每一位国人自幼在祖国长期生活的文化积累形成的，在特殊的条件下会成为海外学子回国的主要动因。

(四) 国家政策因素

对于进行国际流动的人才来说，只看到迁入国的各种有利于自身发展的机会与条件，看到迁入后自己的较高的预期收益是不行的，因为如果政府不采取积极的引进人才的态度，这些高技术人才的国际流动也将是困难的。各国在吸引世界人力资本方面纷纷采取"你来我往"的策略（Tit for tat strategy)，即你采取一种优惠政策，我也采取这种优惠政策，从美国、加拿大、澳大利亚纷纷采取积分制度可以看出这点（何玮鹏，2008）。

五、国内人才流动研究

人才流动问题一直是我国学者研究的重点，且研究多集中于行业人才流动特点、人才流动影响因素、人才流动规律等方面。近年来，定量分析人才流动问题的研究逐渐增多（李健飞，2011）。国内学者多数侧重于从宏观层面阐述人才流动理论，着重分析了人才产生流动的原因与结果（王新桂，2001），人才流动的区域影响（杨云彦，1999），如何控制人才流动等（罗浩，2003）。北京师范大学经济学院的李宝元在其专著《人力资本与经济发展》中指出人才市场化流动是市场经济的内在要求，在一定的历史和社会经济背景下会突破各种外在的制度障碍为自己开辟道路。人才市场化流动应具有三个条件：一是要有自主的供求主体，二是要有灵敏规范的工薪形成机制，三是要有平等竞争的市场秩序（李宝元，2000）。张弘、赵曙明（2000）在《人才流动探析》一文中也提出了从人才个体和组织两个方面分析人才流动。从人才自身角度出发，人才流动是人才个体追求其工作状态效用最大化的理性决策。因此，人才是否流动就存在着两个先决条件：（1）目标工作状态能提供比目前工作状态更大的效用；（2）目标工作状态与目前工作状态的效用差足以抵偿人才流动的直接成本。

2002年，山西财经大学教授冯子标先生在其著作《人力资本运营论》中以人力资本运营为核心，分别讨论了其形成、流动和配置问题，运用经济学的成本-收益分析法构建了人才流动的决策模型。在模型中，将影响人才流动的各种因素归结到两个方面：流动成本和流动收益，通过流动成本与流动收益的比较来描述人才流动现象（冯子标，2000）。清华大学荣芳、何晋秋通过对人才流动的经济效应的调研得出结论：人才流动有利于生产优化配置和社会生产力的发展，然而当今国际人才的单向流动不但损害了发展中国家的人才存量，而且从长远看也不利于发达国家的人才存量的增加（荣芳和何晋秋，2000）。黄德荣认为科学技术是第一生产力，科技人才是现代生产力中最具决定性和最活跃的因素。除了宏观政策的影响,民营科技企业之所以能得到发展,关键在于能否调动科技人才的积极性与创造性。他以江苏为例,分析了江苏企业人才流动的影响因素和存在的问题(黄德荣,1998)。张晶在分析高技术人才国际流动的理论基础上,对人才国际流动的规律、动因进行了全面的分析,提出了人才流动价值动力模型。指出了人才流动价值动力的实现,除了是个人经济收益价值动力的实现,还包括了经济收益价值、个人事业成就价值等多种价值(张晶,2003)。王锐兰、顾建强、刘思峰(2006)认为创新人才是社会经济发展和科学技术进步最重要的资源。创新人才的流动除了受经济与环境等外在因素的影响,还受各参与主体行为的影响。通过利用进化博弈理论,他们分析了区域创新人才的流动行为,对不同外在干扰条件下的创新人才流动行为进行了探讨。王玉婷(2010)研究发现人才回流与国内经济、科技、教育、政策因素密切相关,并定量分析了我国经济、科技、教育、政策等四个因素与人才回流之间的关系,结合定性分析给出结果并提出了相应的建议。徐茜(2010)以"人-环境匹配"理论为基础,研究了环境与人才的补偿性匹配及一致性匹配对人才流动的影响,并对来自多个行业的412名人员进行问卷调查和实证分析。结果表明,当前经济环境下,环境与人才的一致性匹配对人才的流动倾向没有显著影响,而环境与人才的补偿性匹配对人才流动有显著的负向影响。针对以上结果,组织应从多向的职业发展通道、有竞争力的薪酬管理、融洽的人际环境、科学的职位体系设计等方面入手留住人才。

六、国内人才流动的发展

以中国改革开放为界,20世纪80年代,中国实行改革开放政策,人才发生了四次大的流动。第一次人才大流动,发生在20世纪80年代中期。当时出于复兴经济的需要,国家正式发文,鼓励人才流动。但文件也有严格限定,流动必须"正向",即从国企流向集体企业、从大城市流向中小城市、从内地流向边疆。1983年3月,全国第一家人才流动服务机构——沈阳人才公司诞生,市场配置人才的雏形悄然形成。但是在1986年,人才流动出现异常高峰，许多人不辞而别，成为没有档案的"黑户"。首钢一年内就流失了一百多人，都没有办理流动手续，直到20世纪90年代才作为历史遗留问题加以解决。抢夺人才的恶性事件也时常发生，"有的学校一夜之间发现老师都没了，他们被神秘的大卡车全拉走了"。有关部门随即出台强硬措施，第一次人才大流动戛然而止。第二次人才大流动，发生在1988年至1989年，当时的背景是国内市场经济的空前活跃。中央鼓励知识分子从体制内到体制外，可以辞职、兼职、停薪留职、创办和领办乡镇企业，同时也支持三资企业的用人自主权。百万大军下广东，赴苏南，一时蔚为壮观。这次人才流动是全民性的，规模大、有组织，"下海"这个词就出现在当时，与此同时，人才服务业务也发生了变化。随着三资企业、乡镇企业等非公有经济组织的涌现，为保证这些不具备管理档案权限的企业能够用人，各地的人才交流中心诞生了挂靠档案的业务。第三次大规模流动，来得更加汹涌。1992年，邓小平南方谈话后，经济空前活跃，人才流动也空前活跃。仅1992年7月一个月，《人民日报》《经济日报》《光明日报》等10多家报纸刊登重金招聘人才的广告185个。山东省第一个以省委省政府的名义向全国、全世界招聘人才。在这个时候，市场在人才调配中开始发挥重要作用，许多单位把人才的进出管理交给中介机构，大学毕业生就业开始实行双向选择，各省市人才服务中心空前火爆。1994年，中组部、人事部下发的《关于培育与发展人才市场的意见》中正式提出人才市场的概念，提出以市场为导向，合理配置人才资源。1995年年底人事部部长宋德福在全国人事厅局长会议上提出人事代理的工作思路，用于解决人才流动中存在的一些如户籍、档案等体制性的问题。这些政策和思路的提出，对人才流动起到了积极的促进作用。中国正处在第四次人才大流动中。国企改制、产业结构调整、户籍制度改革等都是新一轮人才流动的成因。其中，最应引起注意的是中国加入WTO后，国际人才市场的进入，即跨国公司大量空降及迅速本土化带来的人才流动。这种流动虽然才刚刚开始，但国际性的人才价格、理念，国际性的评价标准等，将前所未有地影响中国人才配置的现有格局。因此可以估计，第四次人才流动的规模和流速都会超过前三次，流动的人数也将呈几何倍数增长（沈跃，2007）。

在传统体制下，人口与劳动力在城乡各地区、产业各部门之间的配置完全呈刚性状态，人才的流动呈现为零，无择业自主权。这样，不仅使许多人才不能很好地发挥作用，而且为某些拥有一定权力的人出于种种目的打击人才、压制人才提供了条件。改革开放以来，情形出现了一些变化，有所好转，但人才流动率依然较低，人才浪费和积压现象仍然严重，在择业中"从一而终"现象仍然显得非常突出。据中国科技人才交流中心的负责人介绍，全国专业技术人才中30%有流动意向，但人才流动率仅为2.6%，而美国人平均2.7年换一种工作。我国的人才流动率和人才效益如此之低，远不能满足巨大变革时代的需要。而"缺乏了人力资产的自由转让或自由买卖的权利，知识的发展或增长就一定有极大的障碍"。（陈秉公，1998）

七、国内人才流动的特点

从宏观角度看，国内人才流动的特点有：（1）人才流动市场化。人才的配置由传统的政府指令调节向市场配置过渡。在传统体制下，我国的人才培养、安置、调配完全按政府意志行事，由政府统分统配，这种人才配置模式不仅束缚了人才的合理流动，也大大降低了有限人力资源的利用效率。加入WTO后，随着政府管理职能的转变，人才的培养、安置、调配机制也将市场化，人事权、用工权和调配权将下放给市场主体，政府对劳动人事的管理重点主要放在培育人才市场、发布人才和劳动力供求信息以及进行人才培训和引导人才合理流动上。与此同时，从个体的择业观念来看，由于非公有制经济的比例加大，新的就业岗位应运而生，而不同所有制之间的就业差别正在逐步缩小，从根本上改变了人们的择业观念。事实证明，所有制观念的淡化代表着人才流动的方向。按照国际标准，一个国家只有实现80%以上的人才资源由市场配置，才能被认为是实现了人才配置市场化。我国目前通过市场化配置的劳动力大概只占50%。（2）人才流动多元化、国际化。从单边到多边，从区域到国际，人才流动呈多元化、互动化、国际化态势。在计划经济体制下，我国实行的是人才的单位或部门所有制。人才的工作安置、工资待遇、生活福利、住房医疗、子女入学都由单位或部门解决。这种封闭式的人才管理体制，阻碍着人才的活力，阻碍着人才资源的优化配置。随着入世和经济活动的日趋国际化，人才的部门和单位所有制也随之被打破，人才将从"单位人"向"社会人""市场人""国际人"转变，成为社会共有，甚至国际共享的资源。这不仅为人才转岗创造了条件，也为企业从市场吸纳优秀人才拓宽了空间。我国是世界上经济发展较快的国家之一。国内政治局势稳定，市场潜力巨大，充满无限商机，这些都对国际优秀人才具有很强的吸引力。随着人才市场的发育成熟，我国与其他国家间的人才输入与输出也会增加，这种人才流动已不再是单一地向发达国家流动，也会有大量的国外优秀人才流向国内。(3) 人才流动社会化。人才流动时空拓展，速度加快，推动人才社会化的实现。单一的档案管理、大集会模式的人才交流都将成为过去，无形人才市场取代有形人才市场的趋势将更加明显。传统的有形人才市场，主要是单位到市场设摊招聘，个人根据招聘信息被动地去应聘，而现在个人可以在人才网上发布自己的求职广告，"待价而沽"。随着社会化服务体系的形成和高科技手段的引进，人才交流服务网点将逐步进入社区，并向标准化方向发展。人才市场的信息化是社会发展的必然潮流，是人才市场现代化的标志。人才市场信息网络的构建和信息渠道的畅通，可以突破时空限制，快速远程、大容量地传递人才信息、提供相关资料，高效便捷地为供需双方服务，这将大大拓展人才市场的服务空间，加速人才流动频率，促进人才资源配置进一步优化，真正实现人才社会化（吴树男，2005）。从具体现状观察，我国的人才流动还呈现从中西部地区流向东部经济发达地区，从国有企事业单位流向外资企业和民营企业，从国内大量流向国外以及从国外流向国内（杨锋，2006）等特点。

八、国内人才流动的主要影响因素

人才流动，已成为我国经济和社会发展中一个不可抵挡的大趋势。同时，人才流动也成为一个社会普遍关注的问题，甚至成为一个管理的难题。

对于人才流动现象,难以从单一角度来分析其成因,更难以从某个方面来采取相应的对策,而应该以一个系统工程的角度,从多个侧面进行分析研究。影响人才流动的主要因素有三点:一是社会因素。从社会因素来看,计划经济时代,无论是人才个体,还是组织,都不具有人才流动决策权。随着市场经济时代的来临,经济发展带来的机会、新兴产业的快速成长、产业结构的变革直接影响人才流动。随着经济的飞速发展,社会对人才的需求日益增加,人才短缺加剧了人才竞争,促进了人才的流动。国家出台的有关政策、法律法规、社会规范、人才市场供求关系等也成为影响人才流动的主要因素。社会保险政策的逐步完善解除了人才流动的后顾之忧;国企改革的一系列政策,减轻了企业对个人的人身束缚;国家积极发展各种人才中介机构,为人才流动打开方便之门;人才市场供求信息的及时发布等,这些都促进了人才的合理流动。然而,教育的不配套或与市场经济人才需求的脱节,也是人才流动的主要原因。二是组织的因素。从组织影响因素来看。组织的薪酬福利、品牌实力、公司文化、职业发展等都是影响人才流动的主要因素。从职业发展角度来看,是否拥有较多的培训和发展机会也是重要因素。选择有知名度和影响力的组织机构,不仅仅等同于在组织内部的晋升机会,还意味着在本行业及跨行业领域内有更多的发展机会。全方位地为优秀人才提供表现个人才华的舞台、提供个人成长和发展的空间与机制,是很多组织应考虑解决好的问题。因此,人才流动是组织能力的较量,是组织的管理水平、管理制度、人才机制的较量,是组织能否为人才提供实现个人价值的条件的较量。三是个人的因素。从人才自身出发,人才流动是人才个体追求其工作状态效用最大化的理性决策。个人因素主要包括:对工作的满足度、工作态度及能力、对在企业内或企业外改变现状的预期、非工作因素等,所有个人因素都取决于个人的价值观(文建群,2006)。人最基本的需求还是分为物质和精神两个方面,任何一个方面的不满足都会导致失落和没有成就感,而当一个人的成就感更多地来自外部条件时,在一种条件下没有成就感的人必然寻求一种有可能给自己带来成就感的环境,这就形成了人才流动。这种选择，取决于自我意识的觉醒和个人价值的追求。相反，如果外部条件的差异对实现个人的追求影响不是很大，成就感更多地来自个人努力和能力，那人才流动就失去了它原本的意义和价值（沈跃，2007）。综上所述，人才流动是社会、组织和个人协同作用的结果。无论是鼓励还是限制，都需要从三方面共同努力。社会需要相关的法规和政策，组织需要完善的制度和机制，个人不仅需要出色的能力，更需要健康的价值观和平和的心态。

人才流动和其他事物的流动过程一样，有其自身内在的规律性（吴树男，2005）。这些规律包括：（1）经济利益驱动规律。物质资料基础是人类生存发展的基本条件，也是人才流动的基本动力因素。在人类走出自然的规律王国之前，经济利益驱动机制会长期统治着劳动力的流动。（2）自由需要规律。资本主义的发展内在地要求劳动力的自由流动，"大工业的本质决定了劳动的交换、职能的更动和工人的流动性"，正是生产力发展的内在要求和社会体制的允许条件决定了人才的流动方向。（3）结合应变规律。人与事的结合一直存在着相互制约、相互促进发展变化的规律性。人与事结合这种人类历史发展的基本形式及其由低级向高级运动的事实告诉我们，人才资源开发的最佳效果，应取决于人才与事、人才与组织结合的最佳性，如果我们能够清醒地认识这一规律，并把握这种变化的规律性，我们就能在推动人才流动、人才资源开发中做出正确的决策，获得开发的最佳效益（帕恩斯，1996）。

由于本研究之研究内容为博士人才吸引力之影响因素研究，在万方和知网数据平台上并无完全相同之硕博论文，相关期刊文献也相对较少。因此，本研究只能参考近似研究之学术论文。下面是根据这些论文整理出的一些图表。

表2-1　大学生就业区域流向影响因素

因素	分值
发展机会	4.8325
区域收入水平	4.7635

续表

因素	分值
社会保障制度	4.6018
单位用人制度	4.5799
就业政策	4.5556
户籍管理制度	4.5323
区域经济结构	4.4287
单位工作条件	4.4105
个人就业观念	4.3761
自然环境	4.3333
国家投资政策	4.3021
父母就业观念	4.3013
档案管理制度	4.2129
区域经济类型	3.7652
社会就业观念	3.547
区域生活质量	3.1025
高教水平	3.0562

资料来源：孙祥论文数据

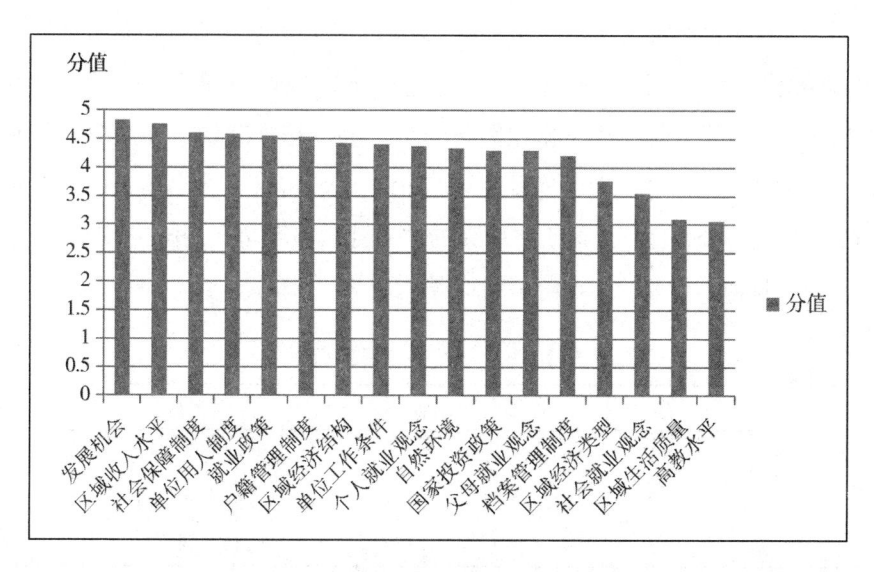

图 2-1 大学生就业区域流向影响因素

通过分析整理孙祥（2011）的论文数据，笔者绘制出以上图表。这是一个大学生就业区域流向影响因素的分析图表。本研究是博士人才的影响因素，博士也属于大学生。通过对其研究进行分析比较，我们发现，大学生就业影响因素排序中，排在第一的"发展机会"近似本研究的"职业生涯发展与工作性质及环境"。排名第二的"区域收入水平"近似本研究的"薪酬福利待遇"。排在第三、第四、第五和第六的"社会保障制度""单位用人制度""就业政策"和"户籍管理制度"近似于本研究的"人才政策环境"。

表 2-2　医学类高层次人才影响因素

因素	系数
培训现状	4.031
软环境建设	2.803
政策的执行力度与公平性	2.099
报酬福利	1.678

资料来源：黄如欣论文数据

通过分析整理黄如欣（2008）的论文数据，本研究绘制出以上表格。这是一个医学类高层次人才影响因素表，其作者认为以上四项是最重要的医学类高层次人才影响因素。通过对其研究进行分析比较，我们发现，医学类高层次人才影响因素排序中，排在第一和第二的"培训现状"和"软环境建设"近似本研究的"职业生涯发展与工作性质及环境"。排名第三的"政策的执行力度与公平性"近似于本研究的"人才政策环境"。排名第四的"报酬福利"近似本研究的"薪酬福利待遇"。

表 2-3　高校毕业生择业影响因素

排序	因素
1	发展前景好
2	利于施展个人的才干
3	福利待遇好

续表

排序	因素
4	工作稳定
5	符合自己的兴趣爱好
6	经济收入高
7	对社会的贡献
8	工作自由
9	工作单位的规模大
10	工作舒适、劳动强度低
11	易（能）获得权力和社会资源
12	工作单位在大城市
13	可兼顾亲友关系
14	工作单位的声誉好

资料来源：岳昌君论文数据

通过分析整理岳昌君（2012）的论文数据，本研究绘制出以上表格。这是一个根据北京大学进行的2011年全国高校毕业生抽样调查数据编制的高校毕业生择业影响因素排序表。

通过对其研究进行分析比较，我们发现，高校毕业生择业影响因素排序中，排在第一、第二和第四的"发展前景好""利于施展个人的才干"和"工作稳定"近似本研究的"职业生涯发展与工作性质及环境"。排名第三的"福利待遇好"近似于本研究的"薪酬福利待遇"。排名第五的"符合自己的兴趣爱好"近似本研究的"兴趣爱好以及专业的相符性"。

其数据来源是2011年全国高校毕业生抽样调查数据中的高校毕业生，与本研究相比较有两个特点：（1）相对博士来说，年龄较小；（2）有工作经验的较少。而本研究调查的博士人才都是具有工作和工作经验的。正是因为这两个原因，本研究的调查对象才选取了有工作和工作经验的博士和博士生，而不是从来没有工作经验的博士和博士生。因为有工作和工作经验相对更加"现实"和"成熟"。只有这样工作才能有长期性和稳定性。

虽然从来没有工作经验的博士和博士生集中在高校，相对更好调查，但本研究为了研究的真实性和有效性，也为了本研究更为科学，因此，不得不增加调查和研究之难度，选取非常分散和难取得的有工作和工作经验的博士和博士生作为本研究之调查对象。良苦用心，盼读者明了。

第四节　本章小结

本章是论文的文献探讨部分，是在确定了选题之后，在对选题所涉及的研究领域即组织人才吸引力、人才战略和人才流动理论的相关理论文献进行广泛阅读和理解的基础上，对其主要学术观点、前人研究成果和研究水平、新动态、发展前景等内容进行综合分析、归纳整理和评论。本章共分为四个小节。

第一小节是组织人才吸引力理论。本节首先介绍了组织人才吸引力理论的基本概念和发展。组织人才吸引力，犹如一种向心力，即将人才吸引到特定组织工作的能力。本节指出组织人才吸引力的影响因素研究主要有：基于组织特性和工作特性的研究、基于个体特性的研究以及基于两者特性匹配的研究。在研究角度上，有客观角度研究组织特性和工作特性对人才的吸引力，主观角度研究个体心理个性特征对组织吸引力感知的差异，主客观匹配角度研究不同特性的组织与不同特性的个体的匹配性与组织吸引力评价间的关系。而现阶段组织人才吸引力研究主要集中于微观层面，对中间组织、区域组织等研究较少。其次，本节从产业集群、职业生涯发展、学习发展、组织特性、工作特性、薪酬制度、组织的形象声望、文化等方面阐述组织人才吸引力在各个方面的研究和发展。最后本节还将招聘过程及面试官情绪表达与组织人才吸引力作为最近比较新颖的研究方向单独罗列出来，指出招聘过程是否合理、公正，以及面试官情绪表达是否正确，对组织人才吸引力都会产生影响，并且现在已经有越来越多的学者正在对此方面展开研究。

第二小节是人才战略理论。本节首先介绍了人才战略的概念，人才战略是国家为实现经济和社会发展目标，把人才作为一种战略资源，对人才培养、吸引和使用做出的重大的、宏观的、全局性构想与安排。人才战略的本质是人才是一种战略资源，人才战略的核心是培养人、吸引人、使用人、发掘人，人才战略是对未来的思考，着重研究人才对推动企业可持续发展、长远发展的作用。其次分析了人才战略的领先型、赶超型和追随型三类模式的相关研究。最后从地缘角度，分别介绍了西方发达国家（地区）、新兴国家（地区）和发展中国家（地区）以及我国的人才战略及相关研究。

第三小节是人才流动理论。本节首先介绍了人才流动的基本概念，人才流动是指人才与一定生产或工作条件的动态配置与组合，是劳动者与生产资料重新组合的过程。帕拉斯曾将人才流动定义为个人跨越了社会系统的成员界限的身份变动，即指人才从一种工作状态到另一种工作状态的变化。其次从国际和国内两个方面分别介绍了人才流动的发展、特点和影响因素以及其现有的相关研究。比较中外人才流动的基本特点，我们发现其共性主要表现在流量都在增大，流速都在加快，流域都在扩展，且国际互流的势头越来越明显。不同之处在于：中国是市场经济体制初步建立过程中的人才流动，无序的成分较大，合理性不够，流动的效用偏低；而西方国家是成熟的市场经济条件下的人才流动，秩序井然，顺应规律，流动的效用已经趋向最大化（梁伟年，2004）。

第四小节是本章小结，对整个第二章进行了归纳总结。

第三章 研究方法与设计

第一节 研究方法

　　研究方法是在研究中发现新现象、新事物，或提出新理论、新观点，揭示事物内在规律的工具和手段。科学的发展离不开研究方法的发展。在学科发展上，研究方法体现学科发展的水平（单敏，2007）。研究方法是一门学科发展水平和成熟的重要标志（张源，2011）。根据研究手段的不同，可以分为定性研究方法和定量研究方法。根据研究目的的不同，可以分为数据收集方法和数据分析方法。本研究通过收集一手资料为主，且以二手资料为辅的方式，运用所学相关知识理论，以中西部地区中小城市 X 市为研究对象，对其进行科学的统计分析和研究。本研究所使用的研究方法如下：

一、数据收集方法

（一）问卷调查法

　　问卷调查法也称问卷法，是一种用来描述、比较信息，或解释认知、态度和行为，或对特定人群的人口学特征进行统计的工具，是一种从潜在的大量被调查者中收集数据的快捷、廉价的方法（向楠等，2011）。问卷调查以书面提出问题的方式搜集资料。研究者将所要研究的问题编制成问题表格，以邮寄、当面作答或者追踪访问的方式填答，从而了解被试对某一现象或问题的看法和意见，所以又称为问题表格法。问卷法的运用，关键在于编制问卷、选择被试和分析结果。问卷调查，按照问卷填答者的不同，可分为自填式问卷调查和代填式问卷调查。其中，自填式问卷调查，按照问卷传递方式的不同，可分为报刊问卷调查、邮政问卷调查和送发问卷调查；代填式问卷调查，按照与被调查者交谈方式的不同，可分为访问问卷调查和电话问卷调查。

（二）焦点小组访谈法

焦点小组访谈法又称为小组座谈法，就是采用小型座谈会的形式，由一个训练有素的主持人以一种无结构的自然形式与被调查者交谈，通过倾听一组从目标市场中选来的被调查者，从中获取对一些有关问题的深度信息。这种方法的价值在于常常可以从自由进行的小组讨论中得到一些意想不到的发现。焦点小组访谈法的优点有：（1）获得的信息量大，质量较高，资料收集快，效率高；（2）可以将整个过程录制下来，以便于事后进行分析，进行科学检测；（3）参与者能畅所欲言，以准确地表达自己的看法；（4）互动式讨论，有利于多方面多角度听取建议。本研究多次运用焦点小组访谈法，平均每次时间在 2~3 个小时之间。通过焦点小组访谈法，本研究修正了大量问题和设计，达到了预期之效果。

（三）实验法

实验法是研究者在有意改变或设计的社会过程中了解研究对象的外显行为。实验法的依据是自然和社会中，现象和现象之间相当普遍地存在着一种相关关系。实验研究法是研究者从某种理论或假设出发，为突出研究的实验因子，有意识地控制某些条件，促使一定的现象产生，并对其结果进行分析，从而得出有关实验因子科学结论的一种科学研究方法。实验研究法作为一种研究手段，最初在心理学领域获得了极大的成功，这种研究方法也由此越来越得到人们的认可（赵静，2007）。

实验法包含三个基本要素：第一，随机分组。将实验对象随机地分成实验组和对照组。在分组的过程中，确保每个实验对象被分到任何组别的机会均等，从而排除干扰因素对实验结果的影响。第二，设置对照组。其目的是便于对照，有助于得到科学的证据。第三，人为干预。研究者将新的方法或措施施加给实验研究对象，而对对照组的研究对象基本不做处理。以实验前后对照设计为例，无论是实验组还是对照组，都包括干预前测量和干预后测量两个基本步骤，不同的是实验组在实验过程中将受到某种干预。对照的具体内容包括干预前实验组与对照组的比较、实验组干预前后比较和干预后实验组与对照组的比较。

按照实验的组织方式不同，实验法可分为对照组实验和单一组实验。对照组实验也叫平行组实验，是指现有实验组又有对照组的一种实验法，实验组即实验单位，对照组是同实验组进行对比的单位，两组在范围特征等方面基本相同。在对照组实验中，要同时对两个观察客体做前测和后测并比较结果，检验理论假设。单一组实验也叫作连续实验方法，是对单一实验对象在不同时间里进行前测与后测，比较其结果以检验假设的一种实验方法，在这种实验中，不存在实践平行的对照组，同一组在引入自变量之前相当于实验中的对照组，在引入自变量之后则是实验中的实验组，检验假设所依据的不是平行的控制组与实验组的两种测量结果，而是同一实验对象在自变量作用前和作用后的两种测量结果。

单一组实验也就是"单组前后测设计"（one-group pretest-posttest design），是坎贝尔和斯坦利（1963）在探讨研究设计时提出的。他们描述了约16种不同的实验和准实验设计，并提出了目前最复杂的变体"所罗门四组设计"：（1）第一组（实验组），前测+刺激+后测；（2）第二组（对照组），前测+不刺激+后测；（3）第三组（实验组），无前测+刺激+后测；（4）第四组（对照组），无前测+不刺激+后测。结果比较为：（1）第一组（实验组）前测和后测比较；（2）第二组（对照组）前测和后测比较；（3）第一组（实验组）后测和第二组（对照组）后测比较；（4）第三组（实验组）后测和第四组（对照组）后测比较；（5）第三组（实验组）后测和第二组（对照组）前测比较（阿尔巴比，2010）。

二、数据分析方法

(一) 层次分析法

层次分析法又称 AHP（Analytical Hierarchy Process），是将决策有关的元素分解成目标、准则、方案等层次，在此基础之上进行定性和定量分析的决策方法。该方法是美国运筹学家、匹兹堡大学教授萨蒂于20世纪70年代初，在为美国国防部研究"根据各个工业部门对国家福利的贡献大小而进行电力分配"课题时，应用网络系统理论和多目标综合评价方法，提出的一种层次权重决策分析方法（赵丽娜，2009）。它是一种定性分析与定量分析相结合的系统分析方法，通过建立递阶层次结构，把复杂问题的判断转化为若干因素两两之间的重要度的比较（郭向勇等，2008）。层次分析法的基本思路是把复杂问题分成若干有序层次，在每一层次上，各因素两两比较，构造比较判断矩阵。然后根据矩阵的特征向量及最大特征根，确定每一层中各因素相对重要性的次序权重。最后，通过对各层分析得到总排序权重，从而为决策问题提供准确的、数量化的决策依据（陆慧和王令水，2008）。由于它在处理复杂的决策问题上的实用性和有效性，很快在世界范围得到重视。它的应用已遍及经济计划和管理、能源政策和分配、行为科学、军事指挥、运输、农业、教育、人才、医疗和环境等领域。

层次分析法的基本步骤：(1)建立层次结构模型。在深入分析实际问题的基础上，将有关的各个因素按照不同属性自上而下地分解成若干层次，同一层的诸因素从属于上一层的因素或对上层因素有影响，同时又支配下一层的因素或受到下层因素的作用。最上层为目标层，通常只有1个因素，最下层通常为方案或对象层，中间可以有一个或几个层次，通常为准则或指标层。当准则过多时（譬如多于9个）应进一步分解出子准则层。(2)构造成对比较阵。从层次结构模型的第二层开始，对于从属于（或影响）上一层每个因素的同一层诸因素，用成对比较法和1—9比较尺度构造成对比较阵，直到最下层。(3)计算权向量并做一致性检验。对于每一个成对比较阵，计算最大特征根及对应特征向量，利用一致性指标、随机一致性指标和一致性比率做一致性检验。若检验通过，特征向量（归一化后）即为权向量；若不通过，需重新构造成对比较阵。（4）计算组合权向量并做组合一致性检验。计算最下层对目标的组合权向量，并根据公式做组合一致性检验，若检验通过，则可按照组合权向量表示的结果进行决策，否则需要重新考虑模型或重新构造那些一致性比率较大的成对比较阵。

（二）历史分析法

历史分析法是一种动态系列的观点，对有关研究对象的历史资料进行科学的分析，将研究问题看作连续发展的过程，不仅关注当前，还要联系过去与未来，把问题置于辩证发展的过程中，有利于深刻认识问题（赵红梅，2007）。这种方法说明研究对象在历史上是怎样发生的，又是怎样发展到现在的。换言之，就是分析事物历史和现状的关系，包括历史和现状的一致方面以及由于环境、社会条件的变化而造成的不一致方面。历史分析的目的，是为了弄清楚事物在发生和发展过程中的"来龙去脉"，从中发现问题，启发思考，以便认识现状和推断未来。对于社会学研究人员来讲，离开了对调查对象的历史分析，研究就缺少历史感，而没有历史深度的表述和结论都是不彻底的。

（三）对比分析法

不同国家与地区由于在历史发展、人文环境、社会制度、经济发展等方面存在差异，因此，其城市发展与集聚的历程、形态与结构也必然不同，相应的人力资本演变与发展的过程及表现形式也是有区别的（赵红梅，2007）。对比分析法也称比较分析法，是把客观事物加以比较，以认识事物的本质和规律并做出正确的评价。比较分析法通常是把两个相互联系的指标数据进行比较，从数量上展示和说明研究对象规模的大小，水平的高低，速度的快慢以及各种关系是否协调。在对比分析中，选择合适的对比标准是十分关键的步骤，选择合适，才能做出客观的评价；选择不合适，评价可能得出错误的结论。

对比分析法根据分析的特殊需要又有两种形式：（1）绝对数比较，是利用绝对数进行对比,从而寻找差异的一种方法;(2)相对数比较,由两个有联系的指标对比计算,用以反映客观现象之间数量联系程度的综合指标,其数值表现为相对数。由于研究目的和对比基础不同,相对数可以分为以下几种:a.结构相对数:将同一总体内的部分数值与全部数值对比求得比重,用以说明事物的性质、结构或质量。如,居民食品支出额占消费支出总额的比重、产品合格率等。b.比例相对数:将同一总体内不同部分的数值对比,表明总体内各部分的比例关系。如,人口性别比例、投资与消费比例等。c.比较相对数:将同一时期两个性质相同的指标数值对比,说明同类现象在不同空间条件下的数量对比关系。如,不同地区商品价格对比,不同行业、不同企业间某项指标对比等。d.强度相对数:将两个性质不同但有一定联系的总量指标对比,用以说明现象的强度、密度和普遍程度。如,人均国内生产总值用"元/人"表示,人口密度用"人/平方公里"表示,也有用百分数或千分数表示的,如,人口出生率用‰表示。e.计划完成程度相对数:是某一时期实际完成数与计划数对比,用以说明计划完成程度。f.动态相对数:将同一现象在不同时期的指标数值对比,用以说明发展方向和变化的速度。如,发展速度、增长速度等。

(四)描述性统计分析

在数据分析的时候,一般首先要对数据进行描述性统计分析(Descriptive Analysis),以发现其内在的规律,再选择进一步分析的方法。描述性统计分析要对调查总体所有变量的有关数据做统计性描述,主要包括数据的频数分析、数据的集中趋势分析、数据离散程度分析、数据的分布以及一些基本的统计图形。(1)数据的频数分析。在数据的预处理部分,我们曾经提到利用频数分析和交叉频数分析来检验异常值。此外,频数分析也可以发现一些统计规律。比如说,收入低的被调查者的用户满意度比收入高的被调查者高,或者女性的用户满意度比男性低等。不过这些规律只是表面的特征,在后面的分析中还要经过检验。(2)数据的集中趋势分析。数据的集中趋势分析是用来反映数据的一般水平,常用的指标有平均值、中位数和众数等。(3)数据的离散程度分析。数据的离散程度分析主要是用来反映数据之间的差异程度,常用的指标有方差和标准差。方差是标准差的平方,根据不同的数据类型有不同的计算方法。(4)数据的分布。在统计分析中,通常要假设样本的分布属于正态分布,因此需要用偏度和峰度两个指标来检查样本是否符合正态分布。偏度衡量的是样本分布的偏斜方向和程度;而峰度衡量的是样本分布曲线的尖峰程度。一般情况下,如果样本的偏度接近于0,而峰度接近于3,就可以判断总体的分布接近于正态分布。(5)绘制统计图。用图形的形式来表达数据,比用文字表达更清晰、更简明。

(五)方差分析

方差分析(ANOVA)又称"变异数分析"或"F检验",是R. A. Fister发明的,用于两个及两个以上样本均数差别的显著性检验。由于各种因素的影响,研究所得的数据呈现波动状。造成波动的原因可分成两类,一是不可控的随机因素,二是研究中施加的对结果形成影响的可控因素。一个复杂的事物,其中往往有许多因素互相制约又互相依存。方差分析的目的是通过数据分析找出对该事物有显著影响的因素,各因素之间的交互作用以及显著影响因素的最佳水平等。方差分析是在可比较的数组中,把数据间的总的"变差"按各指定的变差来源进行分解的一种技术。对变差的度量,采用离差平方和。方差分析方法就是从总离差平方和分解出可追溯到指定来源的部分离差平方和,这是一个很重要的思想。经过方差分析若拒绝了检验假设,只能说明多个样本总体均数不相等或不全相等。若要得到各组均数间更详细的信息,应在方差分析的基础上进行多个样本均数的两两比较。

(六)T检验

T检验,亦称Student's t检验(Student's t test),主要用于样本含量较小(例如n<30),总体标准差σ未知的正态分布资料。T检验是用于小样本(样本容量小于30)的两个平均值差异程度的检验方法。它是用T分布理论来推断差异发生的概率,从而判定两个平均数的差异是否显著。T检验是戈斯特为了观测酿酒质量而发明的。戈斯特在位于都柏林的健力士酿酒厂担任统计

学家，他于 1908 年在 *Biometrika* 上公布 T 检验，但因其老板认为其为商业机密而被迫使用笔名（Student）。

（七）卡方检验

变量可以被分为连续性变量（定距、定比）和分类变量。分类变量又被细分为有序、无序变量两种。对于各组所在总体的定量变量（即连续性变量）的平均水平，可以使用 T 检验和方差分析方法进行比较。秩和检验则用于比较各组所在总体为有序分类变量的分布情况是否相同。卡方检验主要用于无序分类变量的统计推断，卡方检验是在应用的程度上可以和 T 检验相媲美的另一种常用检验方法。

卡方检验是以 χ^2 分布为基础的一种假设检验方法，主要用于分类变量，根据样本数据推断总体的分布与期望分布是否有显著差异，或推断两个分类变量是否相关或相互独立。

卡方检验的用途：

（1）检验某个连续变量的分布是否与某种理论分布一致，如是否符合正态分布、Poisson 分布等；

（2）检验某个分类变量各类的出现概率是否等于指定概率；

（3）检验两个分类变量是否相互独立，如吸烟是否与呼吸道疾病相互独立；

（4）检验控制某种或某几种分类变量因素的作用之后，另两个分类变量是否独立，如上例控制年龄、性别之后，吸烟是否与呼吸道疾病有关；

（5）检验两种方法的结果是否一致，例如两种诊断方法对同一批人进行诊断，其诊断结果是否一致。

第二节 抽样调查方案设计

一、抽样框

抽样框又称"抽样框架""抽样结构",是指对可以选择作为样本的总体单位列出名册或排序编号,以确定总体的抽样范围和结构。设计出了抽样框后,便可采用抽签的方式或按照随机数表来抽选必要的单位数。若没有抽样框,则不能计算样本单位的概率,从而也就无法进行概率选样。当调查目的确定之后,所要研究的现象总体也随之而确定了。总体也叫抽样调查的目标总体,确定了目标总体,也就确定了应该在什么范围内进行调查,即确定了理论上的抽样范围。由于现实和理论的差距,实际进行抽样的总体范围与目标总体有时是不一致的。此外,抽样单位可以是各个总体单位,也可以是若干总体单位的集合(王勇等,2011)。本研究的抽样范围是:(1)在 X 市长期就业的博士和博士生(包括政府机关、事业单位和企业);(2)作为政策制定者的 X 市领导干部(委员会工作组相关工作人员);(3)其他城市的博士和博士生。第一类调查对象的样本框是所有在 X 市长期就业的博士和博士生。第二类调查对象的样本框是所有作为政策制定者的 X 市领导干部。第三类调查对象的样本框是抽取部分其他城市的博士和博士生(为写作简便,本研究暂将博士和博士生统称为博士人才)。

本调查之博士人才从毕业状况上分为博士和博士生(未毕业),从地理位置上分为国内博士和留学博士,然而目前为止,中国并没有任何有效和权威的部门发布过目前在中国的博士人才和博士生的总量。因此本研究之第三类调查对象——其他城市的博士和博士生,并没有完整的,可描述的样本框。

并且,受实际研究中所存在的客观因素的影响和考虑到成本效益(单位成本下收集到问卷的数量),即以同样的成本,选取的收集方式可以在较短的时间内收集到好几倍的问卷。客观原因造成的研究限制，尤其是作为在人口比率中占据绝对少数的博士，分散于全国的各行各业中，并非随处可见，属于职业分散、地域分散、背景分散的十分稀少的样本资源。这就造成了总体单位的信息不足，因此需要根据博士样本特征对样本进行控制，以寻找一些在总体中十分稀少的样本资源。在现实中，除高校和研究所外，对其他地方的博士都很难有很好的机会集中进行调查。

针对"其他城市的博士和博士生"，本研究计划以珠海及周边地区有工作或工作经验的中国籍（港澳台地区除外）博士及博士生为主，且辅助取得部分澳门地区及附近其他地区的中国籍（港澳台地区除外）博士或博士生，用于调查研究。研究对象选取条件有三个：(1) 博士或博士生；(2) 有工作或工作经验；(3) 中国籍（港澳台地区除外）。

之所以选取有工作或工作经验的博士和博士生，出发点是：虽然没有工作或工作经验的博士和博士生相对更为集中（集中在高校、研究机构等），研究资料也就相对更容易获取，但是没有工作或工作经验的博士和博士生对于现实工作状态的理解、对于现实生存环境和生活环境的理解与现实状况有一定差距。他们对问题的理解也更为主观、感性和理想化，也就相对更难达到"长期"的要求。而虽然有工作或工作经验的博士和博士生更为分散，研究资料也更难取得，但是，为了研究的科学性，本研究依然选择了有工作或工作经验的博士和博士生作为我们的研究对象。因为，有工作或工作经验的博士和博士生对于现实状况的理解差距相对更小，对问题的理解相对也更为客观和理性，研究所得也就更为科学。

之所以选择的博士和博士生均为中国籍（港澳台地区除外）人士，原因是：欧美及港澳台地区的城市发展状况远强于中国大陆中西部地区中小城市，甚至比很多中国沿海发达地区要好。其生存环境和福利待遇等诸多影响因素和中国中西部地区中小城市的状况不属于同一个层次，不具备可比性。本研究中对比对象是中国沿海发达地区。作为博士或博士生的外国人或者是香港人、澳门人、台湾人，前往中国中西部地区中小城市长期就业的概率是

77

相对较低的。一般中国（港澳台地区除外）各地对于外国人或者是港澳台人士主要采用短期"柔性"引进的方式。以上资料数据，主要依据为 X 市人才工作领导小组办公室编制的"内刊"《X 市人才工作文件资料选编》及其他相关资料及名册。

二、样本容量的确定

样本容量又称"样本数"，指一个样本的必要抽样单位数目。在组织抽样调查时，抽样误差的大小直接影响样本指标代表性的大小，而必要的样本单位数目是保证抽样误差不超过某一给定范围的重要因素之一。因此，在抽样设计时，必须决定样本单位数目，因为适当的样本单位数目是保证样本指标具有充分代表性的基本前提。样本是从总体中抽出的部分单位集合，这个集合的大小就叫作样本量。一般来说，样本的容量大的话，样本的误差就小，反之则大。通常样本单位数大于 30 的样本可称为大样本，小于 30 的样本则称为小样本。在实际应用中，我们应该根据调查的目的认真考虑样本量的大小。样本容量的大小涉及调研中所要包括的单元数。确定样本容量的大小是比较复杂的问题，既要有定性的考虑也要有定量的考虑。

本研究的样本量的确定有以下几种情况：（1）所有在 X 市长期就业的博士和博士生（包括政府机关、事业单位和企业），共计 38 人。其总数就是本研究的样本数。（2）所有作为政策制定者的 X 市领导干部（委员会工作组相关工作人员），共计 39 人。其总数就是本研究的样本数。（3）由于本调查之博士人才从毕业状况上分为博士和博士生（未毕业），从地理位置上分为国内博士和留学博士。针对"其他城市的博士和博士生"，本研究计划采用"滚雪球抽样方法"，以珠海为主，以澳门地区为辅，兼顾附近地区，计划获取 200~400 名有工作或工作经验的中国籍（港澳台地区除外）博士或博士生用于调查研究。之所以选取 200~400 名就是基于滚雪球抽样方法的非概率性和研究的简便性。

三、抽样方法

基于研究的实际操作，本书根据研究主题，针对抽样框选取样本。针对

"所有在 X 市长期就业的博士和博士生（包括政府机关、事业单位和企业）"，样本框的大小为 38 人，我们采取全部抽样，所有 38 人，都作为本研究中我们的样本。针对"所有作为政策制定者的 X 市领导干部（委员会工作组相关工作人员）"，样本框的大小为 39 人，我们采取全部抽样，所有 39 人，都作为本研究中我们的样本。

针对"其他城市的博士和博士生"，本研究采用滚雪球抽样法进行抽样调查。滚雪球抽样是一种常用于实地研究的非概率抽样方法，常用于探索性研究（阿尔巴比，2010）。其指先随机选择一些被访者并对其实施访问，再请他们提供另外一些属于所研究目标总体的调查对象，根据所形成的线索选择此后的调查对象。滚雪球抽样以若干个具有所需特征的人为最初的调查对象，然后依靠他们提供认识的合格的调查对象，再由这些人提供第三批调查对象，以此类推，样本如同滚雪球般由小变大。滚雪球抽样多用于不存在总体的清单，且研究者也无法自行编撰诸如这样的清单时及总体单位的信息不足或观察性研究的情况（亨利，2008）。而本研究的第三类调查对象就是此类情况。抽样的被访者具有非概率性，此类被访者彼此之间较为相似。滚雪球抽样可以根据某些样本特征对样本进行控制，适用寻找一些在总体中十分稀少的人物。

第三节 问卷编制

本研究所编制之问卷，在充分考虑科学性和实用性的基础上，将研究伦理贯穿于整个研究过程，包括整个问卷编制和设计过程。初步运用部分"投射技术"（Projective technique），以降低问卷之敏感度，达到保护研究对象和以求得到研究对象真实、可信之回答的双重目的。

Naresh K. Malhotra 认为：投射技术是一项间接的询问调查形式。它引导回答者通过回答相关的问题，将他们潜在的动机、信仰、态度或者感觉投射出来。在投射技术中，回答者通常被要求说明他人的行为而不是描述自己的行为。这样，通过分析在特意设计的无序、模糊的情景中的回答揭示回答者的态度。

基于研究者能力之限制，本研究仅初步运用投射技术中的"选择和排列法"，用于降低问卷之敏感度，以求得到研究对象真实、可信之回答。如：本研究中将部分满意度和重要性之问题转化为选择题、排序题和开放式问题。

对于研究所用问卷的开发与编制，本研究采用两个阶段进行：

第一，二手资料的收集、分析与研究。

通过搜集、鉴别、整理二手资料，并通过对与本研究相关的现有资料进行系统性的研究分析，尤其是对"天津市科技博士人才不完全调查"和"陕西省硕士博士人才阶段性调查"（国际间合作的国家级课题的子课题）这两个少有的内容会涉及相关博士人才的资料，进行了详细研究，并对其中的问卷进行了全面分析和综合考量，得出了包括七个满意度问题在内的问卷基本问题的初稿。通过对大量相关文献的研究，归纳总结出博士人才吸引力最常见的19个因素。

调查问卷中关于平均月收入选项有三个数字，2743元、4003元、5118元。2473元是2011年全国本科生的基本起薪，4003元是2011年全国硕士研究生的基本起薪，5118元是2011年全国博士研究生的基本起薪。

在住房状况调查中，福利性房是早年中国（港澳台地区除外）比较普遍的房产存在形式，一般指的是单位分配的住房、单位或者以单位名义集资建设的房产，以鼓励人才，给予优惠形式分配或者优惠价格购买的房产以及单位提供的有、无个人产权的宿舍等。

在员工奖励方式选项中，有"表彰"一项，表彰一般属于精神层次，在中国（港澳台地区除外）一般的表彰多采用发奖状，通报各个相关单位或者通报全市、全省乃至全国进行通报表扬，事迹讲座等精神层次的形式，所以在选项中和"奖金"这种物质层次相区分。

调查问卷中关于年龄一项，之所以最后以 55 岁为界，是因为在《中华人民共和国劳动法》《中华人民共和国公务员法》当中一般将 55 岁定义为可以提前退休的年龄，在行政事业单位和国有企业 55 岁一般也作为退居二线的年龄段。

本调查问卷分为 A、B 两类，A 类为基本问题和满意度问题，B 类为 AHP 对比分析问题。调查问卷中，"您认为本市对您来说属于_____？（可多选）"这道题目，实际上是一个询问满意状况的问题。在设计之初，本打算以比较直白的方式询问研究对象对本地的满意状况，但基于研究伦理和研究真实性方面的考虑，虽然是匿名填写，但由于很大一部分问卷属于一对一的方式填写的，且研究对象中还有大量机关事业单位的领导干部，因此，研究对象很可能为了保护自己而不敢填写或者不敢真实填写本问题。因此，在与专家详细讨论之后，决定以非常巧妙的方式，换以另外一种形式来询问本问题。原题型为"你对本市某某状况是否满意"。对于此类问题，研究对象可能会有所顾忌，害怕其他人知道了自己的不满因素，而受到歧视和报复，影响现在的工作和生活，因而不敢填写或者不敢真实填写。现在，本研究将问题修改设计为"您认为本市对您来说属于_____？（可多选）"，然后将 7 个相关影响因素作为选项，由研究对象进行选取。7 个相关影响因素是"A. 生活舒适；B. 环境优美；C. 个人提升和发展空间大；D. 收入与工作匹配；E. 工作心情愉悦；F. 优惠且实用有效的人才政策；G. 创业乐土"。这样，研究对象就只需要选择他认为满意的，就可以了；不满意的，就不用选取。研究对象选取了哪个，说明研究对象对该因素基本满意；没有选取的说明不怎么满意。如果研究对象对所有的因素都不满意，则可以选择第八个选项"H. 都不属于"。

在本研究中，基于研究伦理和研究真实性方面的考虑，我们给予研究对象说"是"的机会，来取代研究对象说"否"的机会，以降低问题的敏感性，来达到保护研究对象和获取数据真实性的双重目的。

第二，问卷的初稿完成后，开始进行专家意见调查与分析阶段。

首先，征询10位心理学、教育学、人力资源管理、统计学等相关领域的专家学者（表3-1）。

表3-1 专家意见调查名单

姓　名	工作单位	职　务	职业技术技能	备　注
覃某	师范大学	院长		博士后
黄某	市政府	副处长	心理咨询师	研究生
车某	省政府	副主任		
叶某	省医院		主治医师	博士
肖某	省教育厅	科长		硕士
沈某	市第一人民医院		副主任医师	博士
黄某	国家航天部某院		人力资源师	硕士
余某	师范大学	副院长		硕士
钱某	省医院	副院长	教授	博士
黄某	美国田纳西大学			双博士

针对问卷初稿的内容、结构和适应性、实用性以及相关性，由10位专家、学者进行审阅并提出修改意见。

专家审核意见表回收后，根据其提供的意见进行统计，凡是选择"适合"和"应修改"两项百分比之和达到80%的题目，予以保留，其余删除。剩下的题目凡是选择"应修改"达到20%的题目，在根据专家意见进行修改的基础上，再与专家做出进一步讨论，最终确定题目。统计情况见表3-2和3-3，修改后的结果见表3-4。

表 3-2 专家学者对基本问题审核评定统计表

基本问题	合适	不合适	应修改	结果
1	100%	0	0	保留
2	100%	0	0	保留
3	30%	0	70%	修改后保留
4	10%	0	90%	修改后保留
5	10%	40%	50%	删除
6	10%	10%	80%	修改后保留
7	100%	0	0	保留
8	70%	10%	20%	修改后保留
9	60%	20%	20%	修改后保留
10	100%	0	0	保留
11	100%	0	0	保留
12	40%	0	60%	修改后保留
13	90%	0	10%	保留
14	70%	30%	0	删除
15	90%	10%	0	保留
16	80%	10%	10%	保留
17	100%	0	0	保留
18	50%	30%	20%	删除
19	90%	10%	0	保留
20	50%	40%	10%	删除
21	100%	0	0	保留
22	90%	0	10%	保留
23	30%	0	70%	修改后保留
24	100%	0	0	保留
25	100%	0	0	保留

表 3-3　专家学者对基本影响因素审核评定统计表

基本影响因素	合适	不合适	应修改	结果
1	80%	0	20%	修改后保留
2	100%	0	0	保留
3	60%	0	40%	修改后保留
4	60%	20%	20%	修改后保留
5	80%	0	20%	修改后保留
6	70%	0	30%	修改后保留
7	80%	0	20%	修改后保留
8	90%	0	10%	保留
9	40%	0	60%	修改后保留
10	90%	0	10%	保留
11	50%	10%	40%	修改后保留
12	30%	0	70%	修改后保留
13	30%	0	70%	修改后保留
14	40%	10%	50%	修改后保留
15	100%	0	0	保留
16	20%	20%	60%	修改后保留
17	60%	40%	0	删除
18	80%	0	20%	修改后保留
19	10%	50%	40%	删除

表 3-4　问卷问题修改部分

修改前的题目	修改后的题目
专业：A. 社科类　B. 理工类	专业：A. 社科类　B. 理工类　C. 其他
您目前的婚姻及家庭状况： A. 单身　B. 已婚无子女 C. 已婚有子女	您目前的婚姻及家庭状况： A. 单身　B. 已婚无子女 C. 已婚有子女　D. 其他

续表

修改前的题目	修改后的题目
您何时前来本地：A. 工作前就一直在本市　B. 工作后才来本市	您在中西部地区中小城市的居住时间：A. 5年以下　B. 5~10年　C. 10年以上　D. 从未 您在中西部地区中小城市的工作时间：A. 5年以下　B. 5~10年　C. 10年以上　D. 从未
目前为止您更换过几次工作：A. 0次　B. 1~3次　C. 4次及以上	过去5年您更换过工作次数：A. 0次　B. 1~3次　C. 4次及以上
您是否在其他城市工作过：A. 是　B. 否	过去5年您是否在中西部地区中小城市以外工作过：A. 是　B. 否
您对于和领导及同事之间的工作关系的感受是： A. 非常不满意　B. 不满意　C. 一般　D. 满意　E. 非常满意	您对于和同事之间的工作关系的感受是： A. 非常不满意　B. 不满意　C. 一般　D. 满意　E. 非常满意 您对于和领导之间的工作关系的感受是： A. 非常不满意　B. 不满意　C. 一般　D. 满意　E. 非常满意
您目前的住房状况为： A. 福利性房（包括单位分房、集资房、人才优惠、宿舍）　B. 自购　C. 租房　D. 其他＿＿＿＿＿	您目前的住房状况为：（既拥有福利性房，又拥有其他住房情况的，请选择A. 福利性房） A. 福利性房（包括单位分房、集资房、人才优惠、宿舍）　B. 自购　C. 租房　D. 其他＿＿＿＿＿
	根据意见增加的题目： 您认为本市对您来说属于（可多选）： A. 生活舒适　B. 环境优美　C. 个人提升和发展空间大　D. 收入与工作匹配　E. 工作心情愉悦　F. 优惠且实用有效的人才政策　G. 创业乐土　H. 都不属于 您觉得本市应该如何吸引博士人才？

19个影响因素经专家意见删除、修改和整合后，变为以下7个：

1. 人文自然环境与经济发展状况；

2. 薪酬福利待遇；

3. 人才政策待遇（包括户籍档案、住房、子女就学、就医等）；

4. 职业生涯发展与工作性质及环境；

5. 家庭地缘因素；

6. 兴趣爱好以及专业的相符性；

7. 创业环境。

在专家、学者进行审核之后，根据专家、学者的意见对问卷进行修改、完善，并根据不同研究对象，分别编制成《中西部地区中小城市博士人才吸引力问卷——适用于在本地长期就业的博士和博士生》《中西部地区中小城市博士人才吸引力问卷——适用于领导干部》《中西部地区中小城市博士人才吸引力问卷——适用于其他城市的博士和博士生》。

第四节 研究伦理

研究伦理是指进行研究时必须遵守的行为规范，是目前国内研究相对较为不受重视的一环。随着人权意识的高涨以及教育研究的普及，研究者如何确切了解研究伦理，以避免与研究对象及相关人员发生冲突，并提升研究的质量，实应未雨绸缪，列为要务（林天祐，1996）。陈向明（2002）在研究中指出，在研究过程中会涉及自愿原则、保密原则、公正合理原则、公平回报原则等伦理道德问题，若能认真考虑研究中的伦理道德问题，将使得研究工作更严谨。因此，本研究中所涉及的研究伦理包含四个部分：

1. 自愿原则。从事以人为对象的研究，对于研究对象的正常作息会造成某种程度的干扰，基于保障个人的基本人权，任何被选为研究对象的个人，都有拒绝接受的权利。也就是说，未得当事人的同意，研究者不得自行对其进行研究，即使征得同意，当事人亦可随时终止参与。美国心理协会APA（American Psychological Association）在研究伦理信条中指出：研究者应告知预期研究成果的学术及实用价值，以获取研究对象的参与意愿，在说明时要清楚叙述这些预期成果所带来的好处与坏处。研究者不宜用过量的金钱或其他不当诱因，争取或勉强研究对象参与。如当事人尚未成年，除征求当事人的同意外，还须征求法定监护人的同意，获得同意之后始得进行研究。本研究在研究中严格遵守自愿原则，所进行的研究都已告知研究对象本研究的研究目的和研究方法，并征得研究对象的同意。为不打搅研究对象的正常作息，研究一般都在非休息时间进行，尽量避免在休息时间进行，虽然这样做严重增加了本研究所花费的时间和资源，但笔者认为，这是必需的。本研究的研究对象暂不涉及未成年人。

  2. 保密原则。在研究中，应使研究对象在资料中保有匿名的权利，并且在撰写研究报告时，加强检核工作，避免不经意暴露身份，以保护受访者（李柏均，2009）。本研究保证研究对象有匿名性和私密性。匿名性是指研究者无法从所搜集到的数据判断出提供此数据的个人身份。私密性是指外界无法探悉某一特定对象所提供的数据。为遵守私密性原则，在研究完成之后，研究者应尽量快速毁去原始资料的对照表。本研究在研究中严格遵守保密原则。在研究之前都有向研究对象介绍保密原则，在问卷和问答中也都有详细的说明。对所取得的资料，个人基本资料部分均不单独编号，充分保证研究对象的匿名性和私密性。例如，由于考虑到第二类调查对象都是政府等机关单位工作人员，其学历状况参差不齐。调查对象由于其工作原因，很可能害怕其真实学历和专业为其他人所知，其可能会基于自身隐私考虑而不填写，或虚假填写本题，因此，为了对研究对象隐私性进行保护和降低第二类调查对象对本调查问卷的敏感度和反感度，基于本研究基本研究伦理和研究真实性的考虑，未对第二类调查对象进行专业等相关问题的调查。

3. 安全原则。不危害研究对象的身心是进行研究时最为重要的一项伦理规范。研究者有责任及义务确保每一研究对象在研究进行过程中,不会受到生理或心理上的伤害,包括造成身体受伤、长期心理上的不愉快或恐惧等。除非有充分的理由支持研究的结果对于研究将会有重大的贡献,任何可能造成这类伤害的研究,是不容许的。另外,在研究设计时,研究者应慎重考虑,如何降低其他可能造成暂时、轻微的生理、心理上的影响(林天祐,1996)。本研究在研究中严格遵守安全原则,在研究设计时就考虑研究是否会对研究对象造成不利影响。出于保护研究对象之目的,在研究设计和研究进行时,特别敏感之问题和可能对研究对象造成心理或者造成人身伤害之研究,在本研究中都已刻意进行了规避和减少,虽然如果不规避和减少,可能取得之资料更具有科学性,也更为实用。但是基于研究伦理以及安全原则,本研究还是在研究中尽量规避和减少了特别敏感和不利于研究对象的心理或者造成人身伤害的研究之内容,以保护研究对象的安全性。本研究采用投射技术(Projective technique),以降低问卷之敏感度,达到保护研究对象和以求得到研究对象真实、可信之回答的双重目的。例如,在研究中,针对已在中西部地区中小城市长期就业的博士及博士生的调查中,对于满意状况调查,本研究采取的就是迂回和降低敏感度的方法。本应直接提出问题,询问研究对象的满意度状况,但是直接进行询问很可能会使研究对象产生心理上的恐惧,担心如果有不满意之态度,调查结果可能会被领导知道,造成领导对其进行打击报复。虽然研究者已强调调查研究之匿名性和保密性,但研究对象仍无法克服恐惧之心理。因此,基于降低研究对象之心理伤害,也为杜绝研究对象的领导的不满和打击报复,也为求得研究的真实性(为避免领导之打击报复,研究对象可能会采用欺骗回答的方式应对本研究),本研究采用投射技术,降低敏感度以保护调查对象,实现安全原则。对于其他研究对象,如政策制定者等,也是如此。

4. 客观真实原则。学术研究应客观、真实地分析和反映研究结果,研究应采用适当的分析方法，针对收集到的数据进行科学分析，不可刻意选择或舍去实际的数据。分析之后，客观、真实地诠释资料所代表的意义，并详细报道分析的结果，不可刻意隐瞒或遗漏，并客观、真实地呈现研究之结果。本研究在研究中严格遵守客观真实原则，在研究中尽力收集最为完整的研究资料和数据，科学地采用定性研究方法和定量研究方法进行调查研究和分析，并客观、真实地在研究结果中呈现。

第五节 本章小结

本章是本研究的研究方法与设计部分。在阅读了大量文献和查阅了大量二手资料的情况下，研究方法的选择和确定至关重要。合适且科学的研究方法对于研究将产生关键性影响。研究方法主要分为两大类，数据收集方法和数据分析方法。在数据收集方法中，本研究主要采用问卷调查法、焦点小组访谈法。在本研究中，问卷调查法用于获取本研究所需要的一手资料。使用焦点小组访谈法在本研究中除了可以获得一手资料外，还可用于对本研究的更新和完善。在数据分析方法中，本研究主要采用层次分析法（AHP）、历史分析法、对比分析法、描述性统计分析、方差分析、T检验、卡方检验等研究方法对数据继续科学分析。尤其是层次分析法（AHP），对数据中排序问题的分析起到了至关重要的作用。本章的第一节就是对各个研究方法的介绍。

第二节是抽样调查方案设计，详细介绍了本研究所使用的三大类样本框以及三大样本框所应该使用的样本容量。最后是抽样方法的确定。在本研究中，针对"所有在 X 市长期就业的博士和博士生（包括政府机关、事业单位和企业）"，共计 38 人，我们采取全部抽样，所有 38 人都作为本研究中我们的样本。针对"所有作为政策制定者的领导干部（委员会工作组工作人员)",共计39人,我们采取全部抽样,所有39人都作为本研究中我们的样本。针对"其他城市的博士和博士生",本研究采用"滚雪球抽样法"进行抽样调查。之所以采用"滚雪球抽样法",是由于到目前为止,中国并没有任何有效和权威的部门发布过目前在中国的博士人才和博士生的总量。且实际研究中存在客观因素和经费限制等客观原因,尤其是作为在人口比率中占据绝对少数的博士,分散于全国的各行各业中,并非随处可见,属于职业分散、地域分散、背景分散的十分稀少的样本资源。这就造成了总体单位的信息不足,因此需要根据博士样本特征对样本进行控制,以寻找一些在总体中十分稀少的样本资源。

第三节是问卷编制,对于研究所用问卷的开发与编制,本研究分两个步骤进行:1. 二手资料的收集、分析与研究。通过搜集、鉴别、整理二手资料,并通过对与本研究相关的现有资料进行系统性的研究分析,尤其是对"天津市科技博士人才不完全调查"和"陕西省硕士博士人才阶段性调查"这两个少有的调查进行了详细研究,并对其中的问卷进行了全面分析和综合考量,得出问卷基本问题的初稿。通过对大量相关文献的研究,归纳总结出博士人才吸引力最常见的19个因素。2. 问卷的初稿完成后,开始进行专家意见调查与分析阶段。首先,针对问卷初稿的内容、结构和适应性、实用性以及相关性,征询10位心理学、教育学、人力资源管理、统计学等相关领域的专家学者,并请他们进行审阅并提出修改意见。专家审核意见表回收后,根据其提供的意见进行统计,确定应该删除、保留和修改的问题。最后,在根据专家意见进行修改的基础上,再与专家做出进一步讨论,最终确定题目。

第四节是研究伦理,如职业道德是研究者专业精神与专业态度的重要表征,如缺乏研究伦理的规范,研究的结果可能会危害学术的发展,也可能影响研究的实际,研究者不可不慎(林天祐,1996)。本研究中所涉及的研究伦理包含四个部分:1. 自愿原则;2. 保密原则;3. 安全原则;4. 客观真实原则。本研究在研究中严格遵守以上四条原则。尤其是安全原则,为使调查对象不会受到生理或心理上的伤害,包括造成身体受伤、长期心理上的不愉快或恐惧,以及不会造成其受到不满和打击报复等,本研究在研究设计和研究中都尽力规避和减少敏感问题等类似问题。本研究采用投射技术(Projective technique),以降低问卷之敏感度,达到保护研究对象和以求得到研究对象真实、可信之回答的双重目的。

第五节是本章小结,对整个第三章进行了归纳总结。

第四章 研究统计与分析

第一节 研究的信度和效度分析

一、信度分析

在测量学领域，对每一个测量工具而言，都要对其进行科学的检验，其测量结果稳定、可信、有效，该工具才可用。本研究 A 问卷中的满意度问题，其是否可用，测量结果是否可靠，就需要进行信度检验。信度是指测验结果的一致性、稳定性及可靠性，信度系数愈高即表示该测验的结果愈一致、稳定与可靠（王菊艳，2011）。信度有外在信度和内在信度两类。外在信度是指在不同时间进行测量时调查表结果的一致性程度。最常用的外在信度指标是重测信度，即用同一问卷在不同时间对同一对象进行重复测量，然后计算一致性程度。在今后的研究中，将更多地进行外在信度的测量。内在信度是指调查表中的一组问题（也可称之为题项）是否在测量同一个概念，即这些问题（题项）的内在一致性如何，能否稳定地衡量这一概念（变量或维度）。最常用的内在信度系数为克隆巴赫和折半信度。本研究就将采用克隆巴赫系数（Cronbach α）同质信度来检验问卷同质性和内在一致性。对于克隆巴赫系数，不同的学者对可以接受的最小信度值有不同的看法，但是比较公认的是应不低于 0.6（孙祥，2011）。

表 4-1　第一类调查对象信度分析表

信度统计量

Cronbach's Alpha（克隆巴赫信度系数）	Cronbach's Alpha Based on Standardized Items（基于标准化项的克隆巴赫系数）	N of Items（项数）
0.708	0.711	7

项总计统计量

	Scale Mean if Item Deleted（删除项后的标度平均值）	Scale Variance if Item Deleted（删除项后的标度方差）	Corrected Item-Total Correlation（修正后的项与总计相关性）	Squared Multiple Correlation（平方多重相关性）	Cronbach's Alpha if Item Deleted（删除项后的克隆巴赫系数）
工作设备状况	17.4286	9.311	0.590	0.407	0.638
工作与专业相符情况	16.8571	9.597	0.424	0.229	0.673
工作感受	15.8000	10.635	0.209	0.250	0.723
与同事关系	16.8000	10.282	0.340	0.270	0.692
与领导关系	17.5429	8.373	0.528	0.442	0.642
文娱活动	17.8571	8.832	0.532	0.353	0.643
学习培训状况	17.5429	9.432	0.342	0.252	0.698

第一类调查对象是 X 市的博士人才，从"第一类调查对象信度分析表"我们可以看出，衡量内在信度的 Cronbach α 系数为 0.708，属于可以接受范围。而在项总计统计量中，"工作感受"这一项的校正相关性分值最低。如果删除这一项，Cronbach α 系数将上升至 0.723。但考虑到上升空间不大，且本问卷已通过信度检验，因此，本研究决定对此项予以保留。

表4-2 第三类调查对象信度分析表

信度统计量

Cronbach's Alpha（克隆巴赫信度系数）	Cronbach's Alpha Based on Standardized Items（基于标准化项的克隆巴赫系数）	N of Items（项数）
0.702	0.702	7

项总计统计量

	Scale Mean if Item Deleted（删除项后的标度平均值）	Scale Variance if Item Deleted（删除项后的标度方差）	Corrected Item-Total Correlation（修正后的项与总计相关性）	Squared Multiple Correlation（平方多重相关性）	Cronbach's Alpha if Item Deleted（删除项后的克隆巴赫系数）
单位设备能否满足工作	17.3079	11.295	0.293	0.113	0.695
工作与专业吻合情况	17.1122	10.593	0.411	0.196	0.671
工作感受	18.0621	10.589	0.333	0.147	0.687
与同事轻松讨论	16.9212	8.953	0.586	0.407	0.619
与领导轻松讨论	17.4582	9.196	0.505	0.316	0.642
文娱活动	17.6325	9.865	0.319	0.112	0.698
学习培训机会	17.1384	9.134	0.459	0.237	0.656

第三类调查对象是其他城市的博士人才，从"第三类调查对象信度分析表"我们可以看出，衡量内在信度的 Cronbach α 系数为 0.702，属于可以接受范围。而在项总计统计量中，"单位设备能否满足工作"这一项的校正相关性分值最低，为 0.293。但如果删除这项的话，Cronbach α 系数将降低至 0.695。因此，本研究决定对此项予以保留。

二、效度分析

效度是指测量在多大程度上反映了概念的真实含义。效度一般分为表面效度、标准关联效度、构建效度和内容效度（阿尔巴比，2010）。表面效度考虑的是测验项目与测验目的之间的明显的、直接的关系。表面效度是测量内容或测量指标与测量目标之间的适合性和逻辑相符性。也可以说是指测量所选择的项目是否"看起来"符合测量目的和要求。本研究采用表面效度来对问卷进行分析。

表面效度反映被试主观上认为测验是否测量了所要测量的心理特性。它影响的是被试的测验动机。表面效度即从题目表面是否容易看出出题人的意向和答案倾向。（1）本研究所编制的问卷在编制过程中，在问卷上详细注明本问卷之研究内容。并在调查过程中，对调查对象也详细说明本研究之内容。在初期少量测试的时候，部分调查对象通过对研究内容之了解，详细阅读本问卷后，对本调查问卷中的小部分题项提出了改正意见，在适当改进后，问卷继续发放。在研究后续的大规模发放后，已很少有调查对象对问卷之内容与问题的匹配情况提出问题。因此，本研究认为，在经过前期的适当修改后，通过后期反馈情况，可以得出，本问卷具有一定的表面效度。（2）本问卷在开始编制时，首先进行了大量的文献研究，通过文献研究找出相关问题，尤其是对"天津市科技博士人才不完全调查"和"陕西省硕士博士人才阶段性调查"（国际间合作的国家级课题的子课题）这两个少有的相关调查进行了详细研究，并对其中的问卷及内容进行了全面分析和综合考量，最终得出本问卷之基础部分。其次，本研究采用开放式自由反应问卷，对相关领域的专家学者进行意见征询，详细过程可参照第三章。通过专家学者的打分和评判，基本确定问卷之原型。最后，将问卷在朋友圈中进行小规模发放，测试调查对象对问卷之态度，并进行修改。经过此三个步骤最终形成正式问卷。因此，我们可以看出，本研究之问卷既有理论之依据，又具有一定的效度，这表明本问卷具有较好的表面效度。

第二节 样本描述

一、样本收集情况分析

本研究以三类人群为调查研究对象：

第一类调查对象：在 X 市长期就业的博士和博士生（包括政府机关、事业单位和企业）。

第二类调查对象：作为政策制定者的领导干部（委员会工作组相关工作人员）。

第三类调查对象：其他城市的博士和博士生（为书写和理解之便利，在本研究中，部分地方直接用博士代表博士及博士生）。

笔者本身属于当地博士协会成员，且为博士协会管理委员会成员。本博士协会是由当地市委组织部、人才办、人事局、科技协会共同发起、指导和创办的，是经民政局批准成立的合法的社团组织。博士协会的成立本身得到了当地政府的大力支持。业务范围也由当地众多机关单位进行指导帮助。由于本身人数不多，且由政府机构进行指导帮助，因此，本博士协会成员囊括了可调查获取的所有在当地的博士人员。本博士协会每年召开一次年会，进行协会的相关活动和议程。会中均有当地主要领导出席，对博士人才的生活工作关心询问，对提出的建议和意见听取和反馈。本研究得到了当地人事部门和科技部门以及博士协会的有力支持，且有幸成为社科调研课题。因此，根据第三章所述的抽样方案，针对第一类调查对象，在 X 市长期就业的博士和博士生（包括政府机关、事业单位和企业）共计 38 人，本研究采取全部抽样，发放问卷 38 份，回收 35 份。样本问卷总体回收率 92.11%。A 类问卷有效数 35 份，B 类问卷有效数 35 份。A 类问卷有效率 100%，B 类问卷有效率 100%。

第一类调查对象所有问卷均由笔者亲自发放。本研究所需所有问卷首先在年度博士协会年会中进行发放，并针对问卷的相关内容进行了详细叙述和说明，以帮助大家填写。大部分博士都出席了博士协会的年会，因此，在博士协会年会中获取了大部分第一类调查对象的问卷数据。还有部分人员因故未能出席博士协会年会，根据人事部门和博士协会的名册，笔者多次前往当地周边几十千米，甚至上百千米外的十几个县市（县级市），亲自找到博士本人，详细叙述调查问卷内容，指导博士本人填写问卷。有时候因为调查对象的工作和其他原因，一个博士调查对象，笔者往往要驱车上百千米，前往多次。在调查对象办公和生活地点时也经常等候几个甚至几十个小时以求见到调查对象本人。有时还不得不在当地留宿以求第二天可以直接见到调查对象获取调查问卷。个别通讯和联系方式失效，或者工作繁忙，笔者前往多次也无法见到博士调查对象，本研究采取邮件形式发送问卷，在邮箱中有详细的关于问卷内容的解释和说明。取得第一类调查对象的问卷过程整整持续了一个半月。笔者亲自驱车几千千米，包括油费、住宿和就餐等经费耗资巨大。可以看出，在问卷的发放和回收上，笔者是非常认真仔细和异常辛苦的，目的就是获得真实、有效的问卷和数据。因此，本调查的问卷的真实性和有效性是较高的。

  针对第二类调查对象，本研究也采用全部抽样的方式。第二类调查对象所有问卷均由笔者直接或间接发放。作为政策制定者的领导干部（委员会工作组相关工作人员）39 人，发放问卷 39 份，回收 33 份，样本问卷总体回收率 84.62%。A 类问卷有效数 33 份，B 类问卷有效数 33 份，两类问卷有效率 100%。第二类调查对象的问卷发放得到了当地相关部门的有力支持和协助，对象的寻找和问卷的获取，比第一类调查对象要容易。驱车的时间减少了，但是等待的时间增加了。由于第二类调查对象的工作等相关因素的原因和影响，也就是工作特别繁忙，造成了第二类调查对象的时间的不确定性，笔者往往刚刚约好了调查对象，实际前往后，调查对象又突然有事，需要离开，或者暂时不方便见面。有时需要等待几个小时，有时需要等待几天。有时调查对象可以顺利完成问卷，有时调查对象在问卷填写中接到突发电话或者遇到其他事件，打断问卷填写，这个打断的时间可能是几分钟，也可能是几小时，甚至几天，这就造成了极大的困难。有些预约多次实在没有时间，或者无法见面的调查对象，只好通过电子邮件的方式获取其问卷数据。经过近20天的不懈努力，笔者完成了第二类调查对象的数据获取，并取得了较高的回收率和有效率。

关于第二类调查对象的数据获取，虽然经费消耗不大，但是时间和精力花费巨大，有的是因为调查对象工作繁忙，预约难，预约不稳定，变化因素多，等待时间长；也有一个很重要的原因就是调查对象的文化程度没有第一类调查对象（本地博士人才）高，对问卷的内容和问卷的填写方式不甚了解，笔者需要花费大量的时间和第二类调查对象详细解释和说明问卷的内容以及问卷的填写方式，这是在对第一类调查对象进行的调查中所没有遇到的，也是笔者在研究设计中不足的部分，这就造成了调查研究所需要花费的时间和精力急剧增加。究其原因，是研究设计之初只考虑到了博士的能力和特性，认为博士填写本调查问卷没有较大困难，而没有充分考虑到博士以外的调查对象对本问卷的调查内容和填写方式是否能够理解和接受。在以后的调查研究中，应该吸取经验，尽量考虑到所有研究对象的能力和特性，更详细地在问卷中写明问卷调查内容和填写方式，以使得问卷对所有调查对象都更加适用。

第三类调查对象是其他城市的博士人才。针对"其他城市的博士和博士生"，本研究计划以珠海和周边地区的有工作或工作经验的中国籍（港澳台地区除外）博士及博士生为主，用于调查研究。研究对象选取条件有三个：（1）博士或博士生；（2）有工作或工作经验；（3）中国籍（港澳台地区除外）。

第三类调查对象所有问卷采取直接和间接发放相结合的方式。根据中国大陆与国际合作的国家级课题在中西部地区一省份的调查研究，针对已工作博士，其课题组回收问卷415份。并以此来分析全省情况，推测全国状况。基于此国家级课题项目调查研究情况，也立足于本研究之基础和研究者之实际能力以及经费、时间等客观实际影响因素,本研究共计发放问卷602份,回收493份,总体回收率81.89%。A类问卷有效数419份,有效率84.99%。B类问卷有效数358份,有效率72.62%。

　　第三类调查对象,本研究采用滚雪球抽样法进行抽样调查,采用此抽样方法,耗时耗力。针对职业分散、地域分散、背景分散的十分稀少的样本资源,这也是本研究不得不采取的抽样方式。为取得足够多的样本,笔者通过滚雪球抽样法发动数十人,同时进行滚雪球抽样调查,获取问卷,优点是加倍了研究进度,短时间更为容易获取更多的研究样本问卷。缺点是大大牺牲了问卷的回收率和有效率。因此针对第三类调查对象的问卷回收率和有效率比第一类和第二类调查对象低。第三类调查对象的问卷数据获取十分艰难,历时七十多天,两个多月,同时进行的协助调查人员有三十多人次。一直到获取的A类有效问卷数量达到419份时,本研究才通知其他协助调查人员将问卷收集调查工作停止下来。在此,笔者对所有参与调查和协助调查的人员表示感谢。

　　以下为调查问卷回收情况汇总:

表4-3　第一类调查样本问卷回收情况表

样本类型	发放问卷数	问卷回收数	问卷回收率	A类有效问卷数	A类有效问卷率	B类有效问卷数	B类有效问卷率
第一类样本	38	35	92.11%	35	100%	35	100%

表4-4　第二类调查样本问卷回收情况表

样本类型	发放问卷数	问卷回收数	问卷回收率	A类有效问卷数	A类有效问卷率	B类有效问卷数	B类有效问卷率
第二类样本	39	33	84.62%	33	100%	33	100%

表 4-5 第三类调查样本回收情况表

样本类型	发放问卷数	问卷回收数	问卷回收率	A类有效问卷数	A类有效问卷率	B类有效问卷数	B类有效问卷率
第三类样本	602	493	81.89%	419	84.99%	358	72.62%

二、开放式问题分析

调查问卷回收之后，本研究对调查问卷的开放式问题——"你觉得中西部地区中小城市应该如何吸引博士人才？"进行了系统分析，对答案进行归类。归类的方法有三种：(1) 实用内容分析。根据可能的原因和结果对材料内容进行分类。(2) 语义内容分析。根据含义对材料内容进行分类。(3) 符号-工具内容分析。根据心理物理特征对材料内容进行分类（Janis, 1965）。针对本问卷的开放式问题，本研究采用的是语义内容分析法对答案进行归类。

首先，将三类调查对象的问卷中，所有回答了开放式问题的答案进行汇总。第一类调查对象总计有 17 人回答了开放式问题。第二类调查对象总计有 19 人回答了开放式问题。第三类调查对象总计有 286 人回答了开放式问题。三类调查对象总计 322 人回答了开放式问题。

表 4-6 开放式问题回答人数情况表

	第一类调查对象	第二类调查对象	第三类调查对象	总计
人数	17	19	286	322

其次，根据语义内容分析法原则，我们把所有答案进行归类。归类分析后，可以整理出 10 个大类。分别是：

1. 良好的人文自然环境与经济发展状况。

2. 更高的薪酬福利待遇。

3. 完善的人才政策。

4. 优异的职业发展与工作环境。

5. 温馨的家庭地缘环境。

6. 相符的兴趣爱好与专业。

7. 优势的创业环境。

8. 其他。

9. 无效答案。

10. 未作答。

对答案的内容进行分析之后，我们将所有答案按 10 个类型进行归类。归类之后进行统计，统计结果如下：

表 4-7 开放式问题归类人数频次情况表

问题类型	人数频次
1. 良好的人文自然环境与经济发展状况	40
2. 更高的薪酬福利待遇	162
3. 完善的人才政策	145
4. 优异的职业发展与工作环境	125
5. 温馨的家庭地缘环境	7
6. 相符的兴趣爱好与专业	10
7. 优势的创业环境	22
8. 其他	7
9. 无效答案	17
10. 未作答	165

再次，对结果分析计算，我们可以将结果中除"其他"之外的有效答案进行排序，结果如下：

1. 更高的薪酬福利待遇。

2. 完善的人才政策。

3. 优异的职业发展与工作环境。

4. 良好的人文自然环境与经济发展状况。

5. 优势的创业环境。

6. 相符的兴趣爱好与专业。

7. 温馨的家庭地缘环境。

最后，我们将把开放式问题在后面进行描述性统计分析，并进行比较。

三、描述性统计分析

本小节将第一类调查对象、第二类调查对象和第三类调查对象的A类问卷，运用SPSS分析软件分别进行描述性统计分析。

（1）性别情况分析

表4-8 第一类调查对象性别分析

		Frequency（频率）	Percent（百分比）	Valid Percent（有效百分比）	Cumulative Percent（累积百分比）
Valid（有效）	男性	25	71.4	71.4	71.4
	女性	10	28.6	28.6	100.0
	总计	35	100.0	100.0	

表4-9 第二类调查对象性别分析

		Frequency（频率）	Percent（百分比）	Valid Percent（有效百分比）	Cumulative Percent（累积百分比）
Valid（有效）	男性	27	81.8	81.8	81.8
	女性	6	18.2	18.2	100.0
	总计	33	100.0	100.0	

表4-10 第三类调查对象性别分析

		Frequency（频率）	Percent（百分比）	Valid Percent（有效百分比）	Cumulative Percent（累积百分比）
Valid（有效）	男性	270	64.4	64.4	64.4
	女性	149	35.6	35.6	100.0
	总计	419	100.0	100.0	

从上述三个表格，我们可以看出，第一类调查对象，总人数35人。男性25人，占总人数71.4%。女性10人，占总人数28.6%。第二类调查对象，总人数33人。男性27人，占总人数81.8%。女性6人，占总人数18.2%。第三类调查对象，总人数419人。男性270人，占总人数64.4%。女性149

人，占总人数 35.6%。可以得出，在三类调查对象中，男性都多于女性。之所以出现男性都多于女性的情况，前两类调查对象是现实状况造成的，第三类调查对象是样本的特性、可获取性以及所采用的抽样方法造成的。

（2）年龄情况分析

表 4-11　第一类调查对象年龄分析

		Frequency（频率）	Percent（百分比）	Valid Percent（有效百分比）	Cumulative Percent（累积百分比）
Valid（有效）	29 岁及以下	2	5.7	5.7	5.7
	30~39 岁	13	37.1	37.1	42.9
	40~54 岁	19	54.3	54.3	97.1
	55 岁及以上	1	2.9	2.9	100.0
	总计	35	100.0	100.0	

表 4-12　第二类调查对象年龄分析

		Frequency（频率）	Percent（百分比）	Valid Percent（有效百分比）	Cumulative Percent（累积百分比）
Valid（有效）	29 岁及以下	4	12.1	12.1	12.1
	30~39 岁	9	27.3	27.3	39.4
	40~54 岁	19	57.6	57.6	97.0
	55 岁及以上	1	3.0	3.0	100.0
	总计	33	100.0	100.0	

表 4-13　第三类调查对象年龄分析

		Frequency（频率）	Percent（百分比）	Valid Percent（有效百分比）	Cumulative Percent（累积百分比）
Valid（有效）	29 岁及以下	131	31.3	31.3	31.3
	30~39 岁	222	53.0	53.0	84.2
	40~54 岁	66	15.8	15.8	100.0
	总计	419	100.0	100.0	

从上述三个表格，我们可以看出，第一类调查对象，总人数35人。29岁及以下2人，占总人数的5.7%。30~39岁13人，占总人数37.1%。40~54岁19人，占总人数的54.3%。55岁及以上1人，占总人数的2.9%。第二类调查对象，总人数33人。29岁及以下4人，占总人数的12.1%。30~39岁9人，占总人数27.3%。40~54岁19人，占总人数的57.6%。55岁及以上1人，占总人数的3%。第三类调查对象，总人数419人。29岁及以下131人，占总人数的31.3%。30~39岁222人，占总人数53%。40~54岁66人，占总人数的15.8%。55岁及以上没有。可以得出，第一类和第二类调查对象的主要人群集中在40~54岁，都占据总人数的一半以上。而第三类调查对象的主要人群主要集中在30~39岁，也同样占据了总人数的一半以上。之所以出现这样的情况，同样地前两类调查对象是现实状况造成的，而第三类调查对象是样本的特性、可获取性以及所采用的抽样方法造成的。

（3）专业情况分析

表4-14 第一类调查对象专业分析

		Frequency（频率）	Percent（百分比）	Valid Percent（有效百分比）	Cumulative Percent（累积百分比）
Valid（有效）	社科类	15	42.9	42.9	42.9
	理工类	20	57.1	57.1	100.0
	总计	35	100.0	100.0	

表4-15 第三类调查对象专业分析

		Frequency（频率）	Percent（百分比）	Valid Percent（有效百分比）	Cumulative Percent（累积百分比）
Valid（有效）	社科类	183	43.7	43.7	43.7
	理工类	236	56.3	56.3	100.0
	总计	419	100.0	100.0	

考虑到第二类调查对象都是政府等机关单位工作人员，其学历状况参差不齐；调查对象由于其工作原因，很可能害怕其真实学历和专业为其他人所

知,其可能会基于自身隐私考虑而不填写,或虚假填写本题,因此,为了对研究对象隐私性进行保护和降低第二类调查对象对本调查问卷的敏感度和反感度,本调查研究出于基本研究伦理和研究真实性的考虑,未对第二类调查对象进行专业调查。

从上述两个表格,我们可以看出,第一类调查对象,总人数35人。社科类15人,占总人数42.9%。理工类20人,占总人数57.1%。第三类调查对象,总人数419人。社科类183人,占总人数43.7%。理工类236人,占总人数56.3%。可以得出,这两类调查对象都是理工类多于社科类,但相差不大。而两类调查对象的专业比率基本相同,都只相差不到1%,也同样相差不大。

(4) 婚姻及家庭情况分析

表4-16 第一类调查对象婚姻及家庭情况分析

		Frequency(频率)	Percent(百分比)	Valid Percent(有效百分比)	Cumulative Percent(累积百分比)
Valid(有效)	单身	4	11.4	11.4	11.4
	已婚无子女	4	11.4	11.4	22.9
	已婚有子女	25	71.4	71.4	94.3
	其他	2	5.7	5.7	100.0
	总计	35	100.0	100.0	

表4-17 第三类调查对象婚姻及家庭情况分析

		Frequency(频率)	Percent(百分比)	Valid Percent(有效百分比)	Cumulative Percent(累积百分比)
Valid(有效)	单身	136	32.5	32.5	32.5
	已婚无子女	62	14.8	14.8	47.3
	已婚有子女	206	49.2	49.2	96.4
	其他	15	3.6	3.6	100.0
	总计	419	100.0	100.0	

基于前述同样考虑，本研究未对第二类调查对象进行婚姻及家庭情况调查。从上述两个表格，我们可以看出，第一类调查对象，总人数35人。单身4人，占总人数11.4%。已婚无子女4人，占总人数11.4%。已婚有子女25人，占总人数71.4%。其他情况2人，占总人数5.7%。第三类调查对象，总人数419人。单身136人，占总人数32.5%。已婚无子女62人，占总人数14.8%。已婚有子女206人，占总人数49.2%。其他情况15人，占总人数3.6%。可以得出，两类调查对象中，已婚有子女均为最高比率，而已婚人群都占据了总数的60%以上，这与博士人才的年龄结构有关。博士为学历教育中的最高学历、学位。所以一般攻读到博士或者已博士毕业的人士年龄都相对偏大，已婚比率因此相对较高。选项中的"其他"，一般指的是离异等其他相关答案，考虑到调查对象的隐私性和敏感度，本研究在设计中只设计了"其他"，而没有详细的"其他"选项。

（5）在中西部地区中小城市的居住时间情况分析

表4-18　第一类对象在中西部地区中小城市的居住时间分析

		Frequency（频率）	Percent（百分比）	Valid Percent（有效百分比）	Cumulative Percent（累积百分比）
Valid（有效）	5年以下	12	34.3	34.3	34.3
	5~10年	7	20.0	20.0	54.3
	10年以上	16	45.7	45.7	100.0
	总计	35	100.0	100.0	

表4-19　第三类对象在中西部地区中小城市的居住时间分析

		Frequency（频率）	Percent（百分比）	Valid Percent（有效百分比）	Cumulative Percent（累积百分比）
Valid（有效）	5年以下	56	13.4	13.4	13.4
	5~10年	61	14.6	14.6	27.9
	10年以上	162	38.7	38.7	66.6
	从未	140	33.4	33.4	100.0
	总计	419	100.0	100.0	

基于前述同样考虑，本研究未对第二类调查对象在中西部地区中小城市的居住时间情况进行调查。从上述两个表格我们可以看出，第一类调查对象，总人数35人。在中西部地区中小城市居住5年以下的有12人，占总数的34.3%。居住5~10年的有7人，占总人数的20%。居住10年以上的有16人，占总数的45.7%。第三类调查对象，总人数419人。在中西部地区中小城市居住5年以下的有56人，占总数的13.4%。居住5~10年的有61人，占总人数的14.6%。居住10年以上的有162人，占总数的38.7%。从未在中西部地区中小城市居住过的有140人，占总数的33.4%。从未在中西部地区中小城市居住过说明对中西部地区中小城市基本不了解，居住5年以下说明对中西部地区中小城市了解很少，居住5~10年说明对中西部地区中小城市的情况有了基本了解，居住10年以上说明对中西部地区中小城市比较了解。两类调查对象，比率最高的都是10年以上，说明最多的人对中西部地区中小城市比较了解。但是从人数上看，都没有过半。而"10年以上"之外的选项所有人数比率都超过了50%，说明一半以上的调查对象对于中西部地区中小城市的情况并不很了解。

（6）在中西部地区中小城市的工作时间情况分析

表4-20　第一类对象在中西部地区中小城市的工作时间分析

		Frequency（频率）	Percent（百分比）	Valid Percent（有效百分比）	Cumulative Percent（累积百分比）
Valid（有效）	5年以下	14	40.0	40.0	40.0
	5~10年	10	28.6	28.6	68.6
	10年以上	11	31.4	31.4	100.0
	总计	35	100.0	100.0	

表 4-21 第三类对象在中西部地区中小城市的工作时间分析

		Frequency（频率）	Percent（百分比）	Valid Percent（有效百分比）	Cumulative Percent（累积百分比）
Valid（有效）	5 年以下	83	19.8	19.8	19.8
	5~10 年	59	14.1	14.1	33.9
	10 年以上	56	13.4	13.4	47.3
	从未	221	52.7	52.7	100.0
	总计	419	100.0	100.0	

基于前述同样考虑，本研究未对第二类调查对象在中西部地区中小城市的工作时间情况进行调查。从上述两个表格，我们可以看出，第一类调查对象，总人数 35 人。在中西部地区中小城市工作 5 年以下的有 14 人，占总数的 40%。工作 5~10 年的有 10 人，占总人数的 28.6%。工作 10 年以上的有 11 人，占总数的 31.4%。第三类调查对象，总人数 419 人。在中西部地区中小城市工作 5 年以下的有 83 人，占总数的 19.8%。工作 5~10 年的有 59 人，占总人数的 14.1%。工作 10 年以上的有 56 人，占总数的 13.4%。从未在中西部地区中小城市工作过的有 221 人，占总数的 52.7%。在第一类调查对象中，本研究发现，虽然超过 50% 的调查对象在中西部地区中小城市工作 5 年以上，但是工作 5 年以下的人数比率是最多的，占据总数的 40%。然而第一类调查对象年龄在 29 岁及以下的只有 5.7%。说明有很多人早期的工作都不在中西部地区中小城市，而是新近来到中西部地区中小城市的。在第三类调查对象中，从未在中西部地区中小城市工作过的人数和有中西部地区中小城市工作经历的人数基本相当，说明其他城市有近一半的博士曾经在中西部地区中小城市工作过，之后因为各种原因，又离开了中西部地区中小城市，来到其他城市工作。其中甚至包括很多在中西部地区中小城市工作 10 年以上的人，这部分人数占据了 13.4%。中西部地区中小城市应该深入研究和了解这些博士在本地工作了很多年，最终还是选择离开的原因。

(7) 单位性质情况分析

表 4-22 第一类调查对象单位性质分析

		Frequency（频率）	Percent（百分比）	Valid Percent（有效百分比）	Cumulative Percent（累积百分比）
Valid（有效）	行政机关	4	11.4	11.4	11.4
	事业单位	24	68.6	68.6	80.0
	企业	7	20.0	20.0	100.0
	总计	35	100.0	100.0	

表 4-23 第三类调查对象单位性质分析

		Frequency（频率）	Percent（百分比）	Valid Percent（有效百分比）	Cumulative Percent（累积百分比）
Valid（有效）	行政机关	16	3.8	3.8	3.8
	事业单位	338	80.7	80.7	84.5
	企业	65	15.5	15.5	100.0
	总计	419	100.0	100.0	

第二类调查对象工作单位性质相同，均为机关行政单位，因此，不再列出。从上述两个表格，我们可以看出，第一类调查对象工作单位的性质，行政机关占总人数11.4%，事业单位占总人数68.6%，企业占总人数20%。第三类调查对象，行政机关占总人数3.8%，事业单位占总人数80.7%，企业占总人数15.5%。通过分析，可以得出，两类调查对象，事业单位所占人数都是最多的，所占比率不但超过50%，并且还远远超过其他单位的总和。

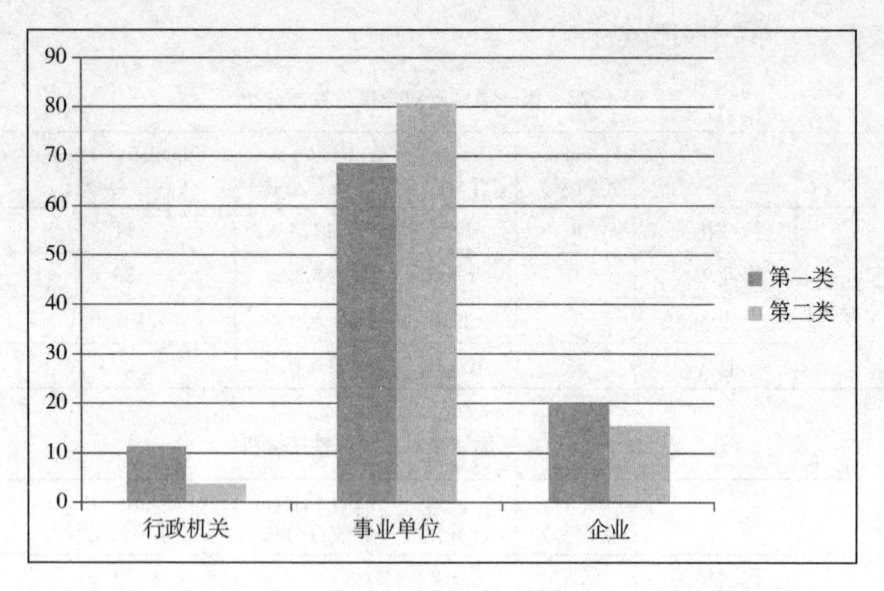

图 4-1 单位性质柱形图

这在一定程度上说明，无论是中西部地区中小城市还是其他城市，中国博士大部分都集中在事业单位，这跟国情是有密切关系的。中国的大学以公立为主，公立大学的工作人员基本上都属于事业编制。而科研院所也以公立为主，公立科研院所的工作人员基本上也都属于事业编制。在中国，自古就有"学而优则仕"的传统，然而，对两类数据进行分析，我们可以发现，行政机关所占比率都是最小的。这说明，尽管现在有各大媒体争相报道博士争做公务员的事件，但是，博士人才从事公务员工作的仍然属于小部分。

（8）过去5年更换工作次数情况分析

表 4-24 第一类调查对象更换工作次数情况分析

		Frequency（频率）	Percent（百分比）	Valid Percent（有效百分比）	Cumulative Percent（累积百分比）
Valid（有效）	0 次	24	68.6	68.6	68.6
	1~3 次	10	28.6	28.6	97.1
	4 次及以上	1	2.9	2.9	100.0
	总计	35	100.0	100.0	

表 4-25 第三类调查对象更换工作次数情况分析

		Frequency（频率）	Percent（百分比）	Valid Percent（有效百分比）	Cumulative Percent（累积百分比）
Valid（有效）	0 次	281	67.1	67.1	67.1
	1~3 次	136	32.5	32.5	99.5
	4 次及以上	2	0.05	0.05	100.0
	总计	419	100.0	100.0	

从上述两个表格，我们可以看出，第一类调查对象，5 年内没有更换过工作的占总人数 68.6%，更换过工作 1~3 次的占总人数 28.6%，更换过工作 4 次及以上的占总人数 2.9%。第三类调查对象，5 年内没有更换过工作的占总人数 67.1%，更换过工作 1~3 次的占总人数 32.5%，更换过工作 4 次及以上的占总人数 0.5%。本研究惊奇地发现无论是第一类调查对象，还是第三类调查对象，从未更换过工作的人数所占比率是近似的，都在 67%~69% 之间。而更换过 1~3 次工作的人数比率也是相似的，在 28%~33% 之间。更换过 4 次及以上工作的人数比率在 3% 以下。之所会出现这种情况，笔者认为原因有三个，一、博士人群年龄偏大，生活和家庭的压力也相对更大，对工作的依赖性也就更强。二、中国传统观念认为"既来之则安之"。安定的工作和不频繁更换工作符合中国人的传统观念。三、与国情有关，在上面的数据分析中，我们分析出，大部分博士人才都集中在事业单位，拥有编制，不脱离和舍弃编制，符合中国国情。但是博士作为学历最高的人才，绝大部分都很少流动，这与目前中国鼓励人才适时、适当流动的人才政策有所不符。

(9) 过去5年更换城市工作情况分析

表4-26　第一类对象在中西部地区中小城市以外工作情况分析

		Frequency（频率）	Percent（百分比）	Valid Percent（有效百分比）	Cumulative Percent（累积百分比）
Valid（有效）	是	10	28.6	28.6	28.6
	否	25	71.4	71.4	100.0
	总计	35	100.0	100.0	

从上述表格，我们可以看出，第一类调查对象，在最近5年中，在中西部地区中小城市以外工作过的有28.6%。一直在中西部地区中小城市工作的有71.4%。

(10) 平均月收入情况分析

表4-27　第一类调查对象平均月收入情况分析

		Frequency（频率）	Percent（百分比）	Valid Percent（有效百分比）	Cumulative Percent（累积百分比）
Valid（有效）	2742元及以下	3	8.6	8.6	8.6
	2743~4002元	17	48.6	48.6	57.1
	4003~5117元	4	11.4	11.4	68.6
	5118元及以上	11	31.4	31.4	100.0
	总计	35	100.0	100.0	

表4-28　第二类调查对象平均月收入情况分析

		Frequency（频率）	Percent（百分比）	Valid Percent（有效百分比）	Cumulative Percent（累积百分比）
Valid（有效）	2742元及以下	4	12.1	12.1	12.1
	2743~4002元	22	66.7	66.7	78.8
	4003~5117元	3	9.1	9.1	87.9
	5118元及以上	4	12.1	12.1	100.0
	总计	33	100.0	100.0	

表 4-29　第三类调查对象平均月收入情况分析

		Frequency（频率）	Percent（百分比）	Valid Percent（有效百分比）	Cumulative Percent（累积百分比）
Valid（有效）	2742 元及以下	7	1.7	1.7	1.7
	2743~4002 元	126	30.1	30.1	31.7
	4003~5117 元	105	25.1	25.1	56.8
	5118 元及以上	181	43.2	43.2	100.0
	总计	419	100.0	100.0	

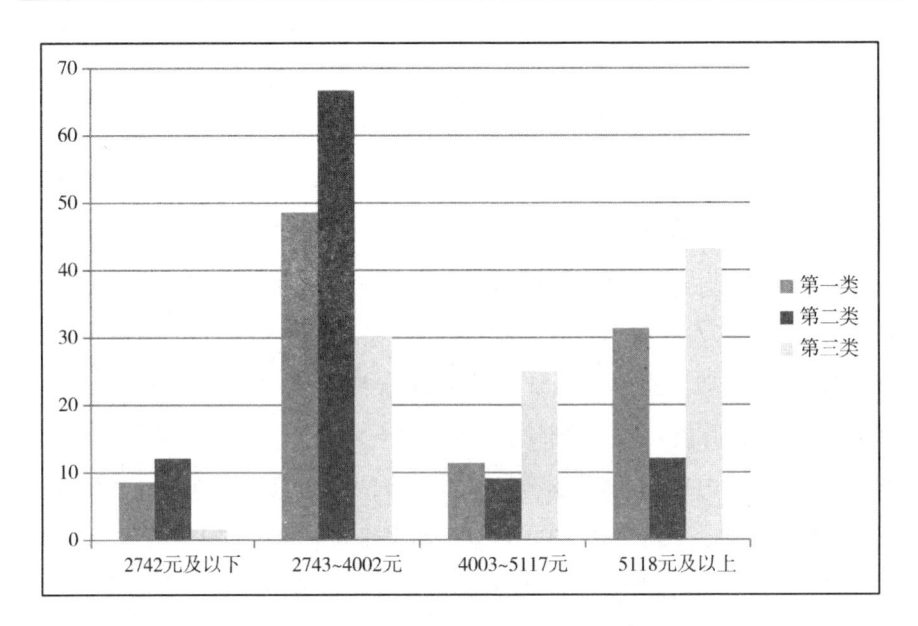

图 4-2　三类调查对象平均月收入占比柱形图

表 4-30　第一类和第三类调查对象平均月工资卡方分析

	Exact Sig.（2-sided）［精确 Sig.（双侧）］
Pearson Chi-Square（Pearson 卡方）	0.000
Likelihood Ratio（似然比）	0.000
Fisher's Exact Test（Fisher 的精确检验）	0.000

我们对第一类和第三类调查对象平均月工资进行了卡方分析，将第一类调查对象，按比率扩大到和第三类调查对象相同数量。然后在SPSS中建立两个变量，第一个变量为"类别"，第二个变量为"平均月工资"。"类别"有2个值，"1第一类调查对象"和"2第三类调查对象"。"平均月工资"有4个值。完成之后，进行卡方分析。发现第一类调查对象和第三类调查对象的卡方分析显著，说明两者有显著差异。

从上述几个图表，我们可以看出，第一类调查对象，平均月收入在2742元及以下的占总人数的8.6%。平均月收入在2743～4002元的占总人数的48.6%。平均月收入在4003～5117元的占总人数的11.4%。平均月收入在5118元及以上的占总人数的31.4%。第二类调查对象，平均月收入在2742元及以下的占总人数的12.1%。平均月收入在2743～4002元的占总人数的66.7%。平均月收入在4003～5117元的占总人数的9.1%。平均月收入在5118元及以上的占总人数的12.1%。第三类调查对象，平均月收入在2742元及以下的占总人数的1.7%。平均月收入在2743～4002元的占总人数的30.1%。平均月收入在4003～5117元的占总人数的25.1%。平均月收入在5118元及以上的占总人数的43.2%。

2743元是2011年全国本科生的基本起薪，4003元是2011年全国硕士研究生的基本起薪，5118元是2011年全国博士研究生的基本起薪。

通过研究，可以得出，第一类调查对象（X市博士）近一半的人，平均月收入在2743～4002元，也就是在本科生工资水平，能达到博士工资水平的仅为31.4%。第二类调查对象（X市领导）由于其工作性质原因，所以选项较为集中，平均月收入大部分集中在2743～4002元，也是本科水平。政策的制定者的工资水平仅为本科水平，这应该也是当地博士近一半人工资在本科水平的原因之一。第三类调查对象（其他城市博士）近一半人平均月工资达到博士水平，本科工资水平以下的几乎没有，但仍然有很多调查对象的月平均工资在本科和硕士水平，说明现在的就业形势很不乐观，这也是越来越多的博士会选择考公务员和进入事业单位的原因之一，这个结果基本符合社会现实情况。

(11) 自我估计食收比的估算情况分析

表4-31 第一类调查对象基本食收比的估算情况分析

		Frequency（频率）	Percent（百分比）	Valid Percent（有效百分比）	Cumulative Percent（累积百分比）
Valid（有效）	29%及以下	8	22.9	22.9	22.9
	30%~39%	10	28.6	28.6	51.4
	40%~49%	7	20.0	20.0	71.4
	50%~59%	7	20.0	20.0	91.4
	60%及以上	3	8.6	8.6	100.0
	总计	35	100.0	100.0	

表4-32 第二类调查对象基本食收比的估算情况分析

		Frequency（频率）	Percent（百分比）	Valid Percent（有效百分比）	Cumulative Percent（累积百分比）
Valid（有效）	29%及以下	6	18.2	18.2	18.2
	30%~39%	10	30.3	30.3	48.5
	40%~49%	9	27.3	27.3	75.8
	50%~59%	8	24.2	24.2	100.0
	总计	33	100.0	100.0	

表4-33 第三类调查对象基本食收比的估算情况分析

		Frequency（频率）	Percent（百分比）	Valid Percent（有效百分比）	Cumulative Percent（累积百分比）
Valid（有效）	29%及以下	114	27.2	27.2	27.2
	30%-39%	146	34.8	34.8	62.1
	40%-49%	88	21.0	21.0	83.1
	50%-59%	69	16.5	16.5	99.5
	60%及以上	2	0.5	0.5	100.0
	总计	419	100.0	100.0	

根据联合国公布的标准，食收比大于 60% 为贫穷；50%～59% 为温饱；40%～49% 为小康；30%～39% 属于富裕；低于 29% 为非常富裕。从上述三个表格，我们可以看出，第一类调查对象，非常富裕的占总人数 22.9%，富裕的占总人数 28.6%，小康的占总人数 20%，温饱的占总人数 20%，贫穷的占总人数 8.6%。第二类调查对象，非常富裕的占总人数 18.2%，富裕的占总人数 30.3%，小康的占总人数 27.3%，温饱的占总人数 24.2%，贫穷的人口没有。第三类调查对象，非常富裕的占总人数 27.2%，富裕的占总人数 34.8%，小康的占总人数 21%，温饱的占总人数 16.5%，贫穷的占总人数 0.5%。

通过分析，可以得出，三类调查对象中，富裕的比率都是最高的，且小康及以上人数所占比率都超过 70%。说明无论在中西部地区中小城市，还是其他城市，博士人才相对而言，大部分都自认为在小康生活水平以上，所占比率最高的，则都是富裕。而作为中西部地区中小城市政策制定者的领导干部生活水平也是如此。其他城市博士人才的温饱和贫困比率相对而言要略低于中西部地区中小城市。

究其原因，笔者认为有两个。第一，尽管前面的研究得出其他城市的工资相对高于中西部地区中小城市，但由于其他城市物价和房价等生活因素的影响，两类人群食收比估算情况基本相同。第二，我们在调查研究中发现，绝大部分调查对象没有仔细认真地核算过自己的食收比。其基本采用的是估计的算法，且在正式的"恩格尔系数"的计算中，一般都采取大样本计算，以求精确计算结果。而本研究由于客观研究限制，无法实现类似于国家统计局的大样本的全国人口统计，因此，本研究所得"食收比"仅为自我估算结果分析，准确性有待进一步研究考证。但从心理学角度分析，其估算的数据虽然在数学计算上难以精确，但其估算结果却反映了其自己所认为的自己所处的基本的生存和生活状态，无论和现实有多大误区，但能基本代表其心理认知的生活"幸福感"之程度。因此本道题目之研究分析具有一定的代表性和科学性。

关于心理上所认为的"食收比"和真实的"食收比",也就是自认为的"幸福感"和"现实生活状况"的差距研究,应是一个较为新颖的课题,可以从心理学、管理学等众多不同的领域和角度进行不同的研究,期待后续相关研究分析。

（12）住房状况分析

表 4-34　第一类调查对象住房状况分析

		Frequency（频率）	Percent（百分比）	Valid Percent（有效百分比）	Cumulative Percent（累积百分比）
Valid（有效）	福利性房	18	51.4	51.4	51.4
	自购	13	37.1	37.1	88.6
	租房	4	11.4	11.4	100.0
	总计	35	100.0	100.0	

表 4-35　第三类调查对象住房状况分析

		Frequency（频率）	Percent（百分比）	Valid Percent（有效百分比）	Cumulative Percent（累积百分比）
Valid（有效）	福利性房	153	36.5	36.5	36.5
	自购	193	46.1	46.1	82.6
	租房	73	17.4	17.4	100.0
	总计	419	100.0	100.0	

从上述两个表格,我们可以看出,第一类调查对象,住房状况为福利性房的占总人数 51.4%,自购的占总人数 37.1%,租房的占总人数 11.4%。第三类调查对象,住房状况为福利性房的占总人数 36.5%,自购的占总人数 46.1%,租房的占总人数 17.4%。

可以得出,第一类调查对象中所占比率最高的是福利性房,占据了总人数的一半,这在一定程度上说明中西部地区中小城市在人才住房政策补贴上相对更为倾斜。第三类调查对象中所占比率最高的是自购住房,接近一半。这说明其他城市的人才住房政策补贴相对较弱。这里之所以是用相对,是因为并不是说其他城市补助少，有可能在数量上其他城市补助更多。但是其他城市的房价相对中西部地区中小城市而言更贵，所以有可能尽管其他城市补助的资金、房源更多，但是因为总体价格高很多，所以才显得中西部地区中小城市相对补助更高。自购住房人数最多，还说明了在其他城市，博士人才工资待遇可能相对更高，且市场经济体制也相对更为完善，毕竟福利性住房是20世纪计划经济体制的产物，在21世纪一般为社会保障体制使用，而不是用于人才福利政策。第三类调查对象中租房的比率也相对更高，这也从另外一个侧面反映了其他城市的房价相对更高。从两个表格的总体状况分析，我们也可以发现，学历最高的博士人才，无论在中西部地区中小城市还是在其他城市，无论住房性质、大小、好坏，能够解决其自身住房问题的都超过了总人数80%。这也是价值的体现形式之一。

（13）改变住房状况能力分析

表4-36　第一类调查对象改变住房状况能力分析

		Frequency（频率）	Percent（百分比）	Valid Percent（有效百分比）	Cumulative Percent（累积百分比）
Valid（有效）	能	11	31.4	31.4	31.4
	暂时不能	24	68.6	68.6	100.0
	总计	35	100.0	100.0	

表4-37　第三类调查对象改变住房状况能力分析

		Frequency（频率）	Percent（百分比）	Valid Percent（有效百分比）	Cumulative Percent（累积百分比）
Valid（有效）	能	122	29.1	29.1	29.1
	暂时不能	297	70.9	70.9	100.0
	总计	419	100.0	100.0	

从上述两个表格，我们可以看出，第一类调查对象，有能力改变其自身住房状况的占总人数的31.4%，暂时没有能力改变其自身住房状况的占总人数的68.6%。第三类调查对象，有能力改变其自身住房状况的占总人数的

29.1%，暂时没有能力改变其自身住房状况的占总人数的70.9%。我们可以发现，两组数据是惊人地相似，都只相差2个百分点左右，这和前面的住房状况分析结果基本吻合。结合前面的分析，可以从一定程度上说明，无论是在中西部地区中小城市，还是在其他城市，大部分的博士人才都可以解决其住房问题，但是基本都无法改变其住房状况。这说明博士人才虽然在学历上是最高的，但并不表示其经济能力是最强的，只能说明博士人才有一定的经济实力解决其自身住房问题。这与社会经济发展的方向和精神是相符的。

（14）常用奖励员工方式分析

表4-38　第一类调查对象获得的常用奖励员工方式分析

	奖金福利	休假	表彰	升职	个人持股	其他方式
否	25.7%	94.3%	42.9%	94.3%	97.1%	100%
是	74.3%	5.7%	57.1%	5.7%	2.9%	0%

表4-39　第二类调查对象获得的常用奖励员工方式分析

	奖金福利	休假	表彰	升职	个人持股	其他方式
否	51.5%	84.8%	30.3%	60.6%	100%	100%
是	48.5%	15.2%	69.7%	39.4%	0%	0%

表4-40　第三类调查对象获得的常用奖励员工方式分析

	奖金福利	休假	表彰	升职	个人持股	其他方式
否	30.5%	92.6%	58.7%	90.5%	97.6%	100%
是	69.5%	7.4%	41.3%	9.5%	2.4%	0%

从上述三个表格，我们可以看出，第一类调查对象，获得奖金福利作为员工奖励的占总人数的74.3%，休假作为员工奖励的占总人数的5.7%，表彰作为员工奖励的占总人数的57.1%，升职作为员工奖励的占总人数的5.7%，个人持股作为员工奖励的占总人数的2.9%。这在一定程度上说明对于博士人才来说，中西部地区中小城市最常用的方式是用奖金福利奖励员工

和用表彰方式奖励员工，使用率都超过了一半；其他方式都没有超过10%，说明使用极少。

第二类调查对象，获得奖金福利作为员工奖励的占总人数的48.5%，休假作为员工奖励的占总人数的15.2%，表彰作为员工奖励的占总人数的69.7%，升职作为员工奖励的占总人数的39.4%，个人持股作为员工奖励的占总人数的2.9%。这在一定程度上说明在中西部地区中小城市行政系统较为常用的奖励方式是表彰和奖金福利，都有一半左右。和第一类调查对象不同，表彰更多，这与第二类调查对象的工作性质有关，说明行政单位的精神类奖励要多于物质类奖励，起码在表象上观察也确实如此。另外第二类调查对象的休假和升职也各有不少，其他则很少。休假和升职的增加，说明行政单位正逐步落实国务院强调的"公休假制度"和"竞争上岗制度"以及"非领导职务晋升制度"，这是法制的进步。

第三类调查对象，获得奖金福利作为员工奖励的占总人数的69.5%，休假作为员工奖励的占总人数的7.4%，表彰作为员工奖励的占总人数的41.3%，升职作为员工奖励的占总人数的9.5%，个人持股作为员工奖励的占总人数的2.4%。这在一定程度上说明对于博士人才来说，其他城市最常用的方式是用奖金福利奖励员工和用表彰方式奖励员工。这和中西部地区中小城市是基本类似的。但是休假和升职都低于10%，甚至低于中西部地区中小城市X市，这倒是大大超出了笔者的意料。经过研究分析我们发现，这是由于在其他城市，生活压力更大，市场经济发展更成熟，博士人才不得不自己增加压力，主动或被动地减少休假。升职不高说明无论在中西部地区中小城市还是其他城市，都不是以学历作为升职的主要依据，但也说明博士人才的社会工作能力有待进一步提高。

最后，我们发现无论哪类人群，持股都是非常少的。第二类人群是政府机关工作人员，因此是正常的。但第一类和第三类调查对象持股也很少，说明博士人才创业和进入公司高层的，并不多。

（15）交通工具情况分析

表 4-41　第一类调查对象交通工具情况分析

		Frequency（频率）	Percent（百分比）	Valid Percent（有效百分比）	Cumulative Percent（累积百分比）
Valid（有效）	汽车	10	28.6	28.6	28.6
	摩托车	3	8.6	8.6	37.1
	公共汽车	8	22.9	22.9	60.0
	自行车	4	11.4	11.4	71.4
	步行	10	28.6	28.6	100.0
	总计	35	100.0	100.0	

表 4-42　第三类调查对象交通工具情况分析

		Frequency（频率）	Percent（百分比）	Valid Percent（有效百分比）	Cumulative Percent（累积百分比）
Valid（有效）	汽车	163	38.9	38.9	38.9
	摩托车	33	7.9	7.9	46.8
	公共汽车	99	23.6	23.6	70.4
	自行车	34	8.1	8.1	78.5
	步行	90	21.5	21.5	100.0
	总计	419	100.0	100.0	

表 4-43　第一类和第三类调查对象交通工具卡方分析

	Asymp. Sig. (2-sided)［渐进 Sig.（双侧）/P 值］
Pearson Chi-Square（Pearson 卡方）	0.008

第一类和第三类调查对象交通工具卡方分析的方法是，将第一类调查对象，按比率扩大到和第三类调查对象相同数量，然后在 SPSS 中建立两个变量，第一个变量为"类别"，第二个变量为"交通工具"。"类别"有 2 个值，"1 第一类调查对象"和"2 第三类调查对象"。"交通工具"有 6 个值。

完成之后，进行卡方分析。发现第一类调查对象和第三类调查对象的卡方分析显著，说明两者有显著差异。

从上述三个表格，我们可以看出，第一类调查对象，交通工具为汽车的占总人数的28.6%，交通工具为摩托车（电动车）的占总人数的8.6%，交通工具为公共汽车的占总人数的22.9%，交通工具为自行车的占总人数的11.4%，步行的占总人数的28.6%。第三类调查对象，交通工具为汽车的占总人数的38.9%，交通工具为摩托车（电动车）的占总人数的7.9%，交通工具为公共汽车的占总人数的23.6%，交通工具为自行车的占总人数的8.1%，步行的占总人数的21.5%。通过分析，我们在一定程度上可以说，其他城市的博士人才的汽车占有率要高于中西部地区中小城市10个百分点左右，这与其他城市的工资相对高于中西部地区中小城市有关。其他出行方式基本相当，说明在其他方式上，两地相差不大。作为机动车辆的摩托车（电动车）在其他城市低于中西部地区中小城市，和大城市"禁摩（摩托车）""禁电（电动车）"的交通规则有关。

（16）职务、职称晋升情况分析

表4-44　第一类调查对象职务、职称晋升情况分析

		Frequency（频率）	Percent（百分比）	Valid Percent（有效百分比）	Cumulative Percent（累积百分比）
Valid（有效）	1~2年	2	5.7	5.7	5.7
	2~3年	1	2.9	2.9	8.6
	3~4年	8	22.9	22.9	31.4
	5年及以上	24	68.6	68.6	100.0
	总计	35	100.0	100.0	

表 4-45　第三类调查对象职务、职称晋升情况分析

		Frequency（频率）	Percent（百分比）	Valid Percent（有效百分比）	Cumulative Percent（累积百分比）
Valid（有效）	1 年及以下	2	0.5	0.5	0.5
	1~2 年	54	12.9	12.9	13.4
	2~3 年	112	26.7	26.7	40.1
	3~4 年	108	25.8	25.8	65.9
	5 年及以上	143	34.1	34.1	100.0
	总计	419	100.0	100.0	

从上述两个表格，我们可以看出，第一类调查对象，晋升时间是 1 年及以下的为 0，晋升时间是 1~2 年的占总人数的 5.7%，晋升时间是 2~3 年的占总人数的 2.9%，晋升时间是 3~4 年的占总人数的 22.9%，晋升时间是 5 年及以上的占总人数的 68.6%。第三类调查对象，晋升时间是 1 年及以下的占总人数的 0.5%，晋升时间是 1~2 年的占总人数的 12.9%，晋升时间是 2~3 年的占总人数的 26.7%，晋升时间是 3~4 年的占总人数的 25.8%，晋升时间是 5 年及以上的占总人数的 34.1%。我们可以非常明显地指出，在一定程度上，中西部地区中小城市博士人才近 70% 晋升时间是 5 年及以上，而其他地区虽然 5 年及以上是最多的，但仅有不足 35%，只有中西部地区中小城市的一半，也就是说，需要 5 年及以上才能晋升的博士人才远低于中西部地区中小城市，其他选项也都明显高于中西部地区中小城市。这说明其他城市的博士人才晋升机制远比中西部地区中小城市更加灵活和快捷，这也是更多的博士人才流出中西部地区中小城市的原因之一。晋升机制的不科学和不灵活一直是中西部地区中小城市的软肋。

(17) 中西部地区中小城市的反映和期待状况分析

表4-46　第一类对象中西部地区中小城市反映和期待状况分析

	生活舒适	环境优美	个人发展空间大	收入与工作匹配	工作心情愉悦	人才政策优惠	属于创业乐土	什么优势都没有
否	57.1%	45.7%	82.9%	97.1%	77.1%	91.4%	97.1%	82.9%
是	42.9%	54.3%	17.1%	2.9%	22.9%	8.6%	2.9%	17.1%

表4-47　第二类对象中西部地区中小城市反映和期待状况分析

	生活舒适	环境优美	个人发展空间大	收入与工作匹配	工作心情愉悦	人才政策优惠	属于创业乐土	什么优势都没有
否	27.3%	57.6%	69.7%	78.8%	69.7%	87.9%	93.9%	93.9%
是	72.7%	42.4%	30.3%	21.2%	30.3%	12.1%	6.1%	6.1%

表4-48　第三类对象中西部地区中小城市反映和期待状况分析

	生活舒适	环境优美	个人发展空间大	收入与工作匹配	工作心情愉悦	人才政策优惠	属于创业乐土	什么优势都没有
否	64%	75.2%	74.9%	89.7%	85.9%	80.9%	94.7%	73.5%
是	36%	24.8%	25.1%	10.3%	14.1%	19.1%	5.3%	26.5%

从上述三个表格，我们可以看出，第一类调查对象，认为中西部地区中小城市生活舒适的占总人数的42.9%，认为环境优美的占总人数的54.3%，认为个人提升和发展空间大的占总人数的17.1%，认为收入和工作匹配的占总人数的2.9%，认为工作心情愉悦的占总人数的22.9%，认为有优惠且有效的人才政策的占总人数的8.6%，认为是创业乐土的占总人数的2.9%，认为什么优势都不具备的占总人数的17.1%。

第二类调查对象，认为中西部地区中小城市生活舒适的占总人数的

72.7%，认为环境优美的占总人数的 42.5%，认为个人提升和发展空间大的占总人数的 30.3%，认为收入和工作匹配的占总人数的 21.2%，认为工作心情愉悦的占总人数的 30.3%，认为有优惠且有效的人才政策的占总人数的 12.1%，认为是创业乐土的占总人数的 6.1%，认为什么优势都不具备的占总人数的 6.1%。

第三类调查对象，认为中西部地区中小城市生活舒适的占总人数的 36%，认为环境优美的占总人数的 24.8%，认为个人提升和发展空间大的占总人数的 25.1%，认为收入和工作匹配的占总人数的 10.3%，认为工作心情愉悦的占总人数的 14.1%，认为有优惠且有效的人才政策的占总人数的 19.1%，认为是创业乐土的占总人数的 5.3%，认为什么优势都不具备的占总人数的 26.5%。

通过分析，在一定程度上，我们可以得出如下结论：从生活舒适角度看，第一类调查对象只有不到一半人认为中西部地区中小城市的生活质量较高，也就是说，大约有近六成在中西部地区中小城市工作的博士人才对其生活质量不满意。而第二类调查对象，也就是行政机关单位人员却有七成以上的人对其生活质量是满意的。这和行政机关人员的工作性质和待遇是有关的，明显表现出其对生活质量的满意度普遍高于当地的博士人才，此结果符合中西部地区中小城市更为浓重的"官本位"思想现象和"士农工商"的传统等级制度。这两类调查对象都实实在在生活在中西部地区中小城市，其调查结果比较客观真实地反映了这两类人群在当地的实际生活质量。第三类调查对象中仅有三分之一的人认为中西部地区中小城市生活舒适，三分之二的人群选择对中西部地区中小城市生活质量的不满意和不信任，这对于中西部地区中小城市吸引博士人才来说是非常不利的。因此，如何获取外地博士人才的信任至关重要。

从环境角度看，第一类调查对象同意环境优美的占总人数一半左右，而第二类调查对象也有近一半人对环境表示满意。两类调查对象的比率基本相似，说明在当地的两类人群对环境的感受基本相同。然而，第三类调查对象却有七成半并不认为中西部地区中小城市的环境优美，远远超出另外两类调查对象。这与笔者的预期是完全不同的，说明以往口口相传的拥有美丽的自然风光和优美环境的中西部地区给其他城市的印象已经发生了巨大的变化。

从个人提升和发展空间角度看，第一类调查对象有八成以上认为中西部地区中小城市的个人提升和发展空间不大。令人惊奇的是，第二类调查对象，也就是政府机关工作人员，也有七成认为个人提升和发展空间不大。这说明：第一，中西部地区中小城市的个人提升和发展空间确实不大。绝大部分当地博士人才和制定政策的政府机关工作人员都持相同观点。第二，绝大部分当地博士人才对其工作发展状况不满意。第三，政府机关工作人员已经发现了此类问题，并有同样的感受。第三类调查对象也有七成半认为中西部地区中小城市的个人提升和发展空间不大，与前面两类调查对象的结果基本相同。说明其他城市的博士人才对中西部地区中小城市的工作职业发展状况的认识，是基本正确的，并不盲目地追捧和相信一些过度的宣传。

从收入和工作匹配角度来看，第一类调查对象认为收入和工作匹配的仅有2.9%，而第二类调查对象认为收入和工作匹配的有21.2%。几乎全部当地博士人才都对自己的收入不满意，认为收入与工作不匹配，这个结果非常让人震惊。更令人震惊的是当地的政府机关工作人员的绝大部分同样认为收入与工作不匹配，这说明在中西部地区中小城市收入普遍偏低，收入与工作不匹配的现象存在于各个阶层和工作单位之中。第二类调查对象满意的比率比第一类调查对象高出十几个百分点，说明有小部分政府机关工作人员收入状况还是要好过当地博士人才。第三类调查对象认为收入和工作匹配的也仅有百分之十，这说明绝大部分其他城市的博士人才都正确地了解中西部地区中小城市的收入并不令人满意。

从认为工作心情愉悦的角度来看，第一类调查对象认为工作心情愉悦的有22.9%，第二类调查对象认为工作心情愉悦的有30.3%，第三类调查对象认为工作心情愉悦的有14.1%。第一类和第二类调查对象的比率相差不大，说明在当地的博士人才和作为政策制定者的政府机关工作人员大部分都认为工作心情并不愉悦，对自己的工作状况和环境并不很满意。作为政策制定者的政府机关工作人员也有这么高的比率较为出人意料。其他城市的博士人才的比率比X市比率要低不少，说明其他城市的博士人才过低地估计了中西部地区中小城市的工作状况和工作环境。三类调查对象的比率都非常低，说明大部分人在中西部地区中小城市工作确实工作心情并不愉悦。但是，工作心情是否愉悦是个相对概念，从心理学角度来说，根据"马斯洛五个需求层次理论"，人的欲望都是一个层次一个层次地不断增加的，在中西部地区中小城市是如此，在其他城市也是如此。

从优惠有效的人才政策角度分析，第一类调查对象认为有优惠且有效的人才政策的有不足20%，第二类调查对象认为有优惠且有效的人才政策的有10%左右。前两类调查对象都在10%左右，说明已经在中西部地区中小城市的博士人才和政府机关工作人员近九成对人才政策都不满意，连作为政策制定者的政府机关工作人员都有90%左右对人才政策不满意。九成当地博士人才不满意说明人才政策确实在制定或者实施过程中不到位；九成作为政策制定者的政府机关工作人员不满意，说明大家都知道政策并不令人满意，但是更说明政策的制定和实施过程具有极大的阻力。作为政策制定者的政府机关工作人员明知应该制定和实施更好、更令人满意的人才政策，却不能制定和实施，说明这个改革的阻力是巨大的，可能牵涉社会的方方面面，这是本研究的发现之一。第三类调查对象认为有优惠且有效的人才政策的明显高于前两类调查对象，但仍不足20%。上述情况说明：第一，三类调查对象都认为人才政策不到位，不令人满意。第二，其他城市博士人才的满意率高出十个百分点，表明其他城市的博士人才对中西部地区中小城市的人才政策估计值偏高，也说明对中西部地区中小城市的人才政策有一定的期望。

从创业角度来看，第一类调查对象仅有2.9%认为中西部地区中小城市是创业乐土，第二类调查对象也仅有6.1%认为中西部地区中小城市是创业乐土，第三类调查对象同样只有5.3%认为中西部地区中小城市是创业乐土。这个研究结果，对于大力宣扬中西部地区是创业乐土的人来说，无疑是泼出了冰冷的水，对于想前往中西部地区创业的人士来说也浇灭了其创业的热情。但是事实就是如此，无论是身处中西部地区中小城市的博士人才和政府机关工作人员，还是其他城市的博士人才，几乎全部都认为中西部地区中小城市并非创业乐土，这应该能给中西部地区中小城市的部分政府敲响警钟。好的创业环境，光靠宣传是不够的，必须真实有效，且落到实处。

整体印象上，第一类调查对象认为什么优势都不具备的有17.1%，第二类调查对象认为什么优势都不具备的有6.1%，第三类调查对象认为什么优势都不具备的有26.5%。在问卷中，本选项答案较为极端。会选取本项答案的，说明对整体状况极端不满意，流失的概率较大。在本地的博士人才有近两成对当地整体状况极端不满意，而在当地的政府机关工作人员不满意比率要低不少，这与我们前面分析的结果，也就是政府机关工作人员的收入待遇等众多方面都要略高于当地博士人才有关。其他城市的博士人才有近三成选择此极端选项，比率之高，出乎笔者之前预期。这再次验证，虽然现在有大量的中西部地区中小城市在大力宣传城市品牌，吸引人才，但是自身软硬件的缺乏造成其他城市的博士人才仍有很多对其持有极端印象，对其极度不满意，因而吸引人才的力度将大大降低，也再次验证了，好的环境，光靠宣传是不够的，必须真实有效，且落到实处。

（18）开放式问题"中西部地区中小城市应该如何吸引博士人才"分析

表4-49　第一类调查对象如何吸引博士人才回答分析

	良好的人文自然环境与经济发展状况	更高的薪酬福利待遇	完善的人才政策	优异的职业发展与工作环境	温馨的家庭地缘环境	相符的兴趣爱好与专业	优越的创业环境	其他	无效答案	未作答
否	97.1%	71.4%	74.3%	77.1%	97.1%	100%	97.1%	100%	100%	48.6%
是	2.9%	28.6%	25.7%	22.9%	2.9%	0%	2.9%	0%	0%	51.4%

表 4-50 第二类调查对象如何吸引博士人才回答分析

	良好的人文自然环境与经济发展状况	更高的薪酬福利待遇	完善的人才政策	优异的职业发展与工作环境	温馨的家庭地缘环境	相符的兴趣爱好与专业	优越的创业环境	其他	无效答案	未作答
否	90.9%	72.7%	72.7%	78.8%	100%	100%	93.9%	100%	100%	57.6%
是	9.1%	27.3%	27.3%	21.2%	0%	0%	6.1%	0%	0%	42.4%

表 4-51 第三类调查对象如何吸引博士人才回答分析

	良好的人文自然环境与经济发展状况	更高的薪酬福利待遇	完善的人才政策	优异的职业发展与工作环境	温馨的家庭地缘环境	相符的兴趣爱好与专业	优越的创业环境	其他	无效答案	未作答
否	91.4%	65.9%	69.7%	73.7%	98.6%	97.6%	95.5%	98.3%	95.9%	68.3%
是	8.6%	34.1%	30.3%	26.3%	1.4%	2.4%	4.5%	1.7%	4.1%	31.7%

从上述三个表格，我们可以看出，第一类调查对象，认为中西部地区中小城市吸引博士人才应该靠创造良好的人文自然环境和经济发展状况的占总人数的 2.9%；认为应该靠提高薪酬福利待遇的占总人数的 28.6%；认为应该靠更完善的人才政策的占总人数的 25.7%；认为应该靠优异的职业发展和工作环境的占总人数的 22.9%；认为应该靠打"感情牌"，用温馨的家庭地缘因素吸引博士人才的占总人数的 2.9%；认为应该靠相符的兴趣爱好和专业的为 0；认为应该靠创造有优势的创业环境的占总人数的 2.9%；认为应该靠其他方式的为 0；填写了无效答案的为 0；未作答的占总人数的 51.4%。

第二类调查对象，认为中西部地区中小城市吸引博士人才应该靠创造良好的人文自然环境和经济发展状况的占总人数的 9.1%；认为应该靠提高薪酬福利待遇的占总人数的27.3%；认为应该靠更完善的人才政策的占总人数的27.3%；认为应该靠优异的职业发展和工作环境的占总人数的21.2%；认为应该靠打"感情牌"，用温馨的家庭地缘因素吸引博士人才的为0；认为应该靠相符的兴趣爱好和专业的为0；认为应该靠创造有优势的创业环境的占总人数的6.1%；认为应该靠其他方式的为0；填写了无效答案的为0；未作答的占总人数的42.4%。

第三类调查对象，认为中西部地区中小城市吸引博士人才应该靠创造良好的人文自然环境和经济发展状况的占总人数的8.6%；认为应该靠提高薪酬福利待遇的占总人数的34.1%；认为应该靠更完善的人才政策的占总人数的30.3%；认为应该靠优异的职业发展和工作环境的占总人数的26.3%；认为应该靠打"感情牌"，用温馨的家庭地缘因素吸引博士人才的占总人数的1.4%；认为应该靠相符的兴趣爱好和专业的占总人数的2.4%；认为应该靠创造有优势的创业环境的占总人数的4.5%；认为应该靠其他方式的占总人数的1.7%；填写了无效答案的占总人数的4.1%；未作答的占总人数的31.7%。

除去其他答案、无效答案和未作答，我们将答案进行排序，用下面三个表格和一幅图表示：

表4-52 第一类调查对象开放式问题频次比率的排序表

备选方案	比率
薪酬福利待遇	0.286
人才政策	0.257
职业发展与工作	0.229
人文自然与经济	0.029
创业环境	0.029
家庭地缘	0.029
兴趣爱好及专业	0

表 4-53　第二类调查对象开放式问题频次比率的排序表

备选方案	比率
薪酬福利待遇	0.273
人才政策	0.273
职业发展与工作	0.212
人文自然与经济	0.091
创业环境	0.061
家庭地缘	0
兴趣爱好及专业	0

表 4-54　第三类调查对象开放式问题频次比率的排序表

备选方案	比率
薪酬福利待遇	0.341
人才政策	0.303
职业发展与工作	0.263
人文自然与经济	0.086
创业环境	0.045
兴趣爱好及专业	0.024
家庭地缘	0.014

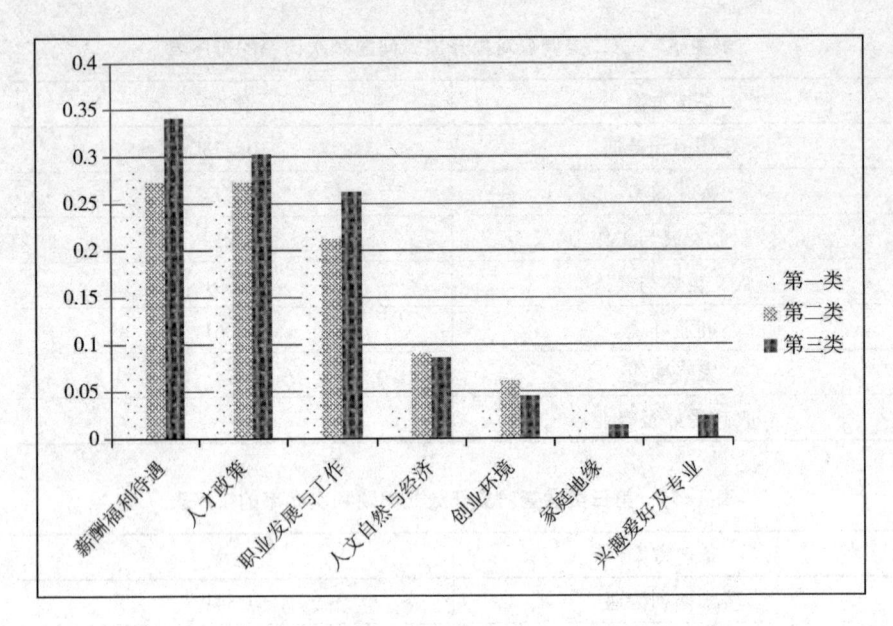

图 4-3 三类对象开放式问题人数频次比率排序柱形图

将三类调查对象的答案进行排序，通过分析，我们发现：

第一，三类调查对象的前三项的比率排序是相同的，且都远大于后四项。说明，三类调查对象最关心的都是"薪酬福利待遇""人才政策""职业生涯发展与工作性质及环境"，并且关心程度都远大于其他项。

第二，三类调查对象的排序非常接近，仅在第三类调查对象的比率排序中，"兴趣爱好以及专业的相符性"高于"家庭地缘因素"。说明，与本地博士人才和本地领导不同的是，其他城市博士人才对"兴趣爱好以及专业的相符性"的关注度高于"家庭地缘因素"。

在其他答案中，还有很多人提出了一些具有建设性的意见和建议：

①应具备"成事的平台、安心的环境、丰厚的报酬"。

②应给予博士人才"高薪、高位"。

③用看得见摸得着的"真金白银"而不是"空中楼阁"打动人才。

④优惠的政策、宽松的环境、减少人为行政的干扰。

⑤重视人才的气氛，重视人才的氛围。

⑥地方的合同与政策承诺毫无保障，应该诚实守信。

⑦出租车市场混乱，刚来到就没有好的心情。

⑧办好地方高校，为博士人才创造位子。

⑨市政府应加大对博士人才的关怀，而不是不闻不问。

⑩安家费、生活补助和人才公寓应发放及时。

⑪由于博士人才年纪偏大，应给予博士人才一定的职务和职数。

⑫重视科研。

⑬可以挂职政府部门。

⑭鼓励博士回乡创业。

⑮政策真实落到实处。

⑯鼓励博士抱团前来。

⑰奖励科研和高水平论文。

⑱合同应该适当宽松，限制时间不应太长。

⑲加大宣传。

⑳脚踏实地进行产业升级，不要好高骛远。

㉑给年纪大的女博士解决婚姻问题。

㉒来去自由，柔性引进。

㉓减少"官本位"的政治色彩。

㉔单独的研究工作室，更多的外出学习机会。

㉕打破级别职务限制。

㉖大胆使用博士、敢于使用博士，而不是将其作为花瓶。

㉗兑现承诺。

㉘"事业留人、待遇留人、情感留人"。

(19) 满意度问题的描述性统计状况分析

表 4-55　第一类对象满意度问题的描述性统计状况分析

	Minimum（最小值）	Maximum（最大值）	Mean（平均值）	Std. Deviation（标准偏差）	Skewness（偏度）	Kurtosis（峰度）
工作设备状况	1.00	4.00	2.5429	0.70054	-0.161	-0.034
工作与专业相符情况	2.00	5.00	3.1143	0.79600	0.530	0.247
工作感受	2.00	5.00	4.1714	0.78537	-0.706	0.202
与同事关系	1.00	5.00	3.1714	0.70651	-0.257	2.486
与领导关系	1.00	4.00	2.4286	0.97877	-0.187	-1.006
文娱活动	1.00	4.00	2.1143	0.86675	0.344	-0.504
学习培训状况	1.00	4.00	2.4286	0.94824	-0.112	-0.880

在进行数据分析时，常需要假定样本数据服从正态分布，数据是否服从正态分布一般可通过观测其偏度（Skewness）和峰度（Kurtosis）来确定。如果样本服从正态分布，则数据的偏度和峰度应接近于零。Kline（1998）认为：若偏度的绝对值大于3，一般被视为极端的偏态；若峰度的绝对值大于10，表示峰度有问题；若峰度的绝对值大于20，一般视为极端的峰度。

通过对第一类调查对象的分析我们可以看出，"工作感受"的均值分数最高，为4.1714，说明第一类调查对象对"工作感受"最满意。"文娱活动"的均值分数最低，为2.1143，说明第一类调查对象对"文娱活动"最不满意。七个选项中，有4个选项的均值在3以下，分别是"工作设备状况""与领导关系""文娱活动""学习培训状况"。这说明调查对象对这4个选项的内容不满意，另外3个选项在3以上，说明对另外3个选项满意。观测其标准差，最小0.70054，最大0.97877，相差0.27823。这说明第一类调查对象在回答这部分问题时，其结果差异性不大。数据的偏度和峰度系数，都没有极端状况出现，这说明样本数据基本符合正态分布，适合进行数据分析。

表 4-56　第三类对象满意度问题的描述性统计状况分析

	Minimum（最小值）	Maximum（最大值）	Mean（平均值）	Std. Deviation（标准偏差）	Skewness（偏度）	Kurtosis（峰度）
工作设备状况	2.00	5.00	2.9642	0.61958	0.569	1.521
工作与专业相符情况	1.00	5.00	3.1599	0.68526	-0.126	-0.431
工作感受	1.00	5.00	2.2100	0.78185	0.519	0.557
与同事关系	1.00	5.00	3.3508	0.89580	-0.188	0.038
与领导关系	1.00	5.00	2.8138	0.92736	0.071	-0.055
文娱活动	1.00	5.00	2.6396	1.00784	-0.020	-0.629
学习培训状况	1.00	5.00	3.1337	0.99822	0.077	-0.201

通过对第三类调查对象的分析我们可以看出，"与同事关系"的均值分数最高，为3.3508，说明第三类调查对象对"与同事关系"最满意。"工作感受"的均值分数最低，为2.21，说明第三类调查对象对"工作感受"最不满意。七个选项中，有4个选项的均值在3以下，分别是"工作设备状况""与领导关系""文娱活动""工作感受"。这说明调查对象对这4个选项的内容不满意，另外3个选项在3以上，说明对另外3个选项满意。观测其标准差，最小0.61958，最大1.00784，相差0.38826。这说明第三类调查对象在回答这部分问题时，其结果差异性大于第一类调查对象。数据的偏度和峰度系数，都没有极端状况出现，这说明样本数据基本符合正态分布，适合进行数据分析。

对两组数据进行对比，我们可以看出，在"工作设备状况"选项中，X市博士和其他城市博士的均值都低于3，说明他们都对自己现在所在单位为自己提供的设备表示不满意，认为其不能满足日常工作的需要。但是，其他城市博士的分数略高于本地博士，已接近于3，这说明在其他城市的博士对于工作设备的满意度比中西部地区中小城市的博士要高，已接近"认为一般"，但差距不明显。

在"工作与专业相符情况"选项中，X市博士和其他城市博士的均值都

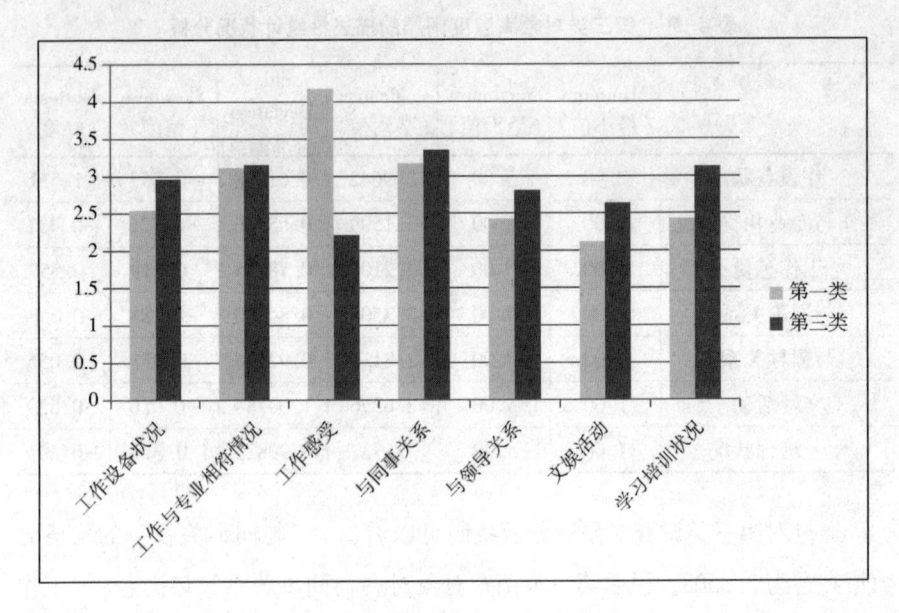

图 4-4 满意度的分析比较图

略高于 3，说明两地博士都认为其现在的工作与其所学的专业相符性一般。两地博士的分数非常接近，说明两者的感受非常接近，几乎没有差别。

在"工作感受"也就是现单位给予的工作量的状况选项中，X市博士的均值高于 4，表明满意其现在的工作量，这在一定程度上说明中西部地区中小城市的博士人才的工作量并不很大，工作相对要更加轻松和休闲。而其他城市博士的均值只有 2.21，低于 3，接近 2，表明对工作量不满意，这说明其他城市的博士人才的工作量较大，工作相对更加繁忙和辛苦。两者的均值相差 1.9614，接近相差 2。这说明两者的感受差异性非常强。这也符合这些城市的实际状况——中西部地区中小城市的生活和工作压力相对较小，工作量相对较少，博士人才感到较为轻松和休闲；而其他城市的生活和工作压力较大，博士人才感到更为繁忙和辛苦。

在"与同事关系"选项中，两者的均值都高于 3，说明两地博士人才都对与同事之间的人际关系和工作关系，感觉一般。其他城市的博士人才均值略高于本地博士人才，在一定程度上说明其他城市博士人才相对于中西部地区中小城市的博士人才来说,对同事关系更加满意一点,差距不明显。

在"与领导关系"选项中,两者的均值都低于3,说明两地博士人才都对与领导之间的人际关系和工作关系,感觉不满意,但 X 市博士更倾向于不满意,而其他城市的博士更倾向于一般,两者差距不明显。

在"文娱活动"选项中,两者的均值都低于3,说明两地博士人才对于单位平时组织的文体娱乐活动的状况都不满意,但 X 市博士分值更低,说明满意度更低,其他城市博士的满意度相对更高,两者差距不明显。

在"学习培训状况"选项中,对于现工作单位提供的学习和培训的状况,X 市博士人才表示了不满意,而其他城市博士人才表示一般。两者均值相差 0.7051,差距较为明显。这也符合这些城市的实际状况——中西部地区中小城市的工作状况更为封闭和保守,学习和培训机会相对较少。而其他城市的工作状况更为开放,更注重实操,学习和培训机会相对较多。

通过上述分析,在一定程度上,我们可以得出结论:中西部地区中小城市和其他城市对比,博士人才对"工作感受"和"学习培训状况"两者的满意程度差距明显。中西部地区中小城市的生活和工作压力和其他城市比相对较小,工作量相对较少,博士人才感到更为轻松和休闲。而其他城市的工作状况相对中西部地区中小城市更为开放,更注重实操,学习和培训机会相对较多。

第三节 独立样本 T 检验

T 检验是检验两个样本中承载的差异在总体中是否也同样存在。当双总体平均数检验所使用的样本是独立样本时,使用独立样本 T 检验。其先决条件是样本通过独立的随机取样获得,被比较的变量属于区间或者比率衡量等级,样本的分布呈现正态分布(刘蓓,2010)。经过前面的研究,我们已知样本基本符合正态分布,适合进行数据分析。但是,基于研究限制,本研究第一类和第二类调查对象之样本为所有样本框样本,然而第三类调查对象之样本是采用滚雪球抽样法(原因在第三章抽样方法中已有介绍)获取的,因此,第三类调查对象的样本在使用中有一定之研究限制。本研究通过独立样本 T 检验,实现两个独立样本的均值比较。

一、第一类调查对象的独立样本 T 检验

(1) 第一类调查对象不同性别的 T 检验

表 4-57　第一类调查对象不同性别的 T 检验表

		Levene's Test for Equality of Variances（方差齐性检验/莱文方差等同性检验）		t-test for Equality of Means（平均值等同性 t 检验）		
		F	Sig.（显著性）	t	df（自由度）	Sig. (2-tailed)（双侧置信水平）
工作设备状况	Equal variances assumed（假设方差相等）	0.004	0.950	0.226	33	0.823
	Equal variances not assumed（假设方差不相等）			0.226	16.743	0.824
工作与专业相符情况	Equal variances assumed（假设方差相等）	0.285	0.597	-0.398	33	0.693
	Equal variances not assumed（假设方差不相等）			-0.403	17.103	0.692
工作感受	Equal variances assumed（假设方差相等）	0.287	0.596	1.830	33	0.076
	Equal variances not assumed（假设方差不相等）			1.616	13.269	0.130

续表

		Levene's Test for Equality of Variances（方差齐性检验/莱文方差等同性检验）		t-test for Equality of Means（平均值等同性t检验）		
		F	Sig.（显著性）	t	df（自由度）	Sig.（2-tailed）（双侧置信水平）
与同事关系	Equal variances assumed（假设方差相等）	0.185	0.670	-0.675	33	0.504
	Equal variances not assumed（假设方差不相等）			-0.824	26.711	0.417
与领导关系	Equal variances assumed（假设方差相等）	0.633	0.432	-1.039	33	0.306
	Equal variances not assumed（假设方差不相等）			-1.058	17.288	0.305
文娱活动	Equal variances assumed（假设方差相等）	0.888	0.353	1.374	33	0.179
	Equal variances not assumed（假设方差不相等）			1.216	13.303	0.245
学习培训状况	Equal variances assumed（假设方差相等）	3.637	0.065	0.502	33	0.619
	Equal variances not assumed（假设方差不相等）			0.443	13.276	0.665

从上述第一类调查对象不同性别的T检验表，我们可以看出，在方差齐性检验（Levene's Test for Equality of Variances）中，Sig.值全都大于0.05，说明所有选项的两样本方差之间不存在显著差别，因此所有选项双侧置信水平需要看"假设方差相等"，也就是第一排。

通过观察，我们可以发现，所有选项的双侧置信水平 Sig.（2-tailed）都大于 0.05，因此可以说明，不同性别的第一类调查对象在以上选项中，都不存在明显差异。

（2）第一类调查对象不同专业的 T 检验

通过频数分析已知，不同专业虽然有三个选项，但选择的结果只有两个：社科类和理工类，第三个选项选取人数为 0，且总体数量相对较少，因此无法进行单因素方差分析。基于其在统计学理论上基本符合 T 检验之要求，我们对于第一类调查对象的不同专业进行 T 检验。

表 4-58　第一类调查对象不同专业的 T 检验表

		Levene's Test for Equality of Variances（方差齐性检验）		t-test for Equality of Means（平均值等同性 t 检验）		
		F	Sig.（显著性）	t	df（自由度）	Sig.（2-tailed）（双侧置信水平）
工作与专业相符情况	Equal variances assumed（假设方差相等）	0.686	0.413	-2.125	33	0.041
	Equal variances not assumed（假设方差不相等）			-2.183	32.586	0.036

从上述第一类调查对象不同专业的 t 检验表，我们可以看出，在方差齐性检验中，Sig. 值全都大于 0.05，说明所有选项的两样本方差之间不存在显著差别。因此所有选项双侧置信水平需要看"假设方差相等"，也就是第一排。

通过观察，我们可以发现，"工作与专业相符情况"存在显著性。双侧置信水平 Sig.（2-tailed）为 0.041，小于 0.05。其他选项的双侧置信水平 Sig.（2-tailed）都大于 0.05，没有显著性。

表 4-59　专业和工作与专业相符情况均值表

	专业	Mean（平均值）
工作与专业相符情况	社科类	2.8000
	理工类	3.3500

从上表我们可以看出，在工作与专业相符性这一满意度调查中，社科类专业的博士，属于不满意，趋向于一般。而理工类博士属于一般，趋向于一般和满意之间。这说明在中西部地区中小城市，理工类博士人才对自己的工作与专业相符性相对更满意。

（3）第一类调查对象是否在中西部地区中小城市以外工作过的 T 检验

所有选项的双侧置信水平 Sig.（2-tailed）都大于 0.05，说明第一类调查对象是否在中西部地区中小城市以外工作过在以上选项中，都不存在明显差异。

（4）第一类调查对象不同年龄的 T 检验

所有选项的双侧置信水平 Sig.（2-tailed）都大于 0.05，说明不同年龄的第一类调查对象以上选项中，都不存在明显差异。

（5）第一类调查对象更换过工作次数的 T 检验

所有选项的双侧置信水平 Sig.（2-tailed）都大于 0.05，说明第一类调查对象更换过的工作次数在以上选项中，都不存在明显差异。

（6）第一类调查对象晋升间隔时间的 T 检验

通过频数分析已知，晋升间隔时间虽然有 5 个选项，但选择 A、B、C 这 3 个选项的特别少，只有 1~2 个，或者没有，在统计学上并无太大意义。人数基本集中在 D 和 E，且总体数量相对较少，因此无法进行单因素方差分析。基于其在统计学理论上基本符合 T 检验之要求，我们对第一类调查对象晋升间隔时间进行 T 检验。

表 4-60　第一类调查对象晋升间隔时间的 T 检验表

		Levene's Test for E-quality of Variances（方差齐性检验）		t-test for Equality of Means（平均值等同性 t 检验）		
		F	Sig.（显著性）	t	df（自由度）	Sig.（2-tailed）（双侧置信水平）
与同事关系	Equal variances assumed（假设方差相等）	0.179	0.676	-2.497	30	0.018
	Equal variances not assumed（假设方差不相等）			-2.281	10.493	0.045

从上述第一类调查对象晋升间隔时间的 T 检验表，我们可以看出，在方差齐性检验中，Sig. 值全都大于 0.05，说明所有选项的两样本方差之间不存在显著差别。因此所有选项双侧置信水平需要看"假设方差相等"，也就是第一排。

通过观察，我们可以发现，"与同事关系"上的差异存在显著性。双侧置信水平 Sig.（2-tailed）为 0.018，小于 0.05。这说明晋升间隔时间不同，对"与同事关系"的满意度有显著差异。

其他选项的双侧置信水平 Sig.（2-tailed）都大于 0.05，没有显著性。

表 4-61　第一类调查对象晋升间隔时间的均值对比表

	晋升间隔时间	Mean（平均值）
与同事关系	3~4 年	2.6250
	5 年及以上	3.2917

通过对比，我们可以看出，晋升间隔时间在 3~4 年的博士人才，对和同事之间的关系感到更不满意，而晋升间隔时间在 5 年及以上的，反而相对感觉一般。原因可能是晋升间隔时间长达 5 年及以上，说明晋升有一定困难和压力，存在瓶颈。这与单位状况有关，也和个人性格因素有关，是多方面原

因造成的。间隔时间长，使得同事之间的竞争反而没那么激烈。而间隔时间3~4年，相对更短，说明晋升更为频繁，也是多方面原因造成的，这也使得同事之间的竞争相对更加激烈。而"与领导关系"上的差异却没有这个显著性，同样也证明了这个原因。

二、第三类调查对象的独立样本T检验

（1）第三类调查对象不同性别的T检验

表4-62　第三类调查对象不同性别的T检验表

		Levene's Test for E-quality of Variances（方差齐性检验）		t-test for Equality of Means（平均值等同性t检验）		
		F	Sig.（显著性）	t	df（自由度）	Sig. (2-tailed)（双侧置信水平）
工作感受	Equal variances assumed（假设方差相等）	9.862	0.002	-2.058	417	0.040
	Equal variances not assumed（假设方差不相等）			-1.979	271.951	0.049

从上述第三类调查对象不同性别的t检验表，我们可以看出，在方差齐性检验中，"工作感受"的Sig.值小于0.05，说明该选项两样本方差之间存在显著差别。因此该项双侧置信水平需要看"假设方差不相等"，也就是第二排。其他Sig.值全都大于0.05，说明其他选项的两样本方差之间不存在显著差别。因此其他选项双侧置信水平需要看"假设方差相等"，也就是第一排。

通过观察，我们可以发现，双侧置信水平Sig.（2-tailed）为0.049，小于0.05。这说明不同的性别在对"工作感受"的满意度上有显著差别。

其他选项的双侧置信水平Sig.（2-tailed）都大于0.05，说明不同性别在其他选项上的满意度并没有明显差别。

第一类调查对象在"工作感受"选项上差异不显著，这种对比结果说明，本地博士人才不同性别对"工作感受"的满意度并没有明显差别，而其

143

他城市的博士人才，不同性别对"工作感受"的满意度上有显著差别，可能是由于研究限制或者抽样方法或者其他原因。

因此，我们将第三类调查对象的"性别"和"工作感受"做一个交叉分析：

表4-63 第三类对象"性别"和"工作感受"的交叉分析表

			工作感受					合计
			非常不满意	不满意	一般	满意	非常满意	
性别	男性	计数	43	154	64	7	2	270
		性别方面的百分比	15.9%	57.0%	23.7%	2.6%	0.7%	100.0%
		工作感受方面的百分比	65.2%	69.1%	58.7%	38.9%	66.7%	64.4%
		合计	10.3%	36.8%	15.3%	1.7%	0.5%	64.4%
	女性	计数	23	69	45	11	1	149
		性别方面的百分比	15.4%	46.3%	30.2%	7.4%	0.7%	100.0%
		工作感受方面的百分比	34.8%	30.9%	41.3%	61.1%	33.3%	35.6%
		合计	5.5%	16.5%	10.7%	2.6%	0.2%	35.6%
总计		计数	66	223	109	18	3	419
		性别方面的百分比	15.8%	53.2%	26.0%	4.3%	0.7%	100.0%
		工作感受方面的百分比	100.0%	100.0%	100.0%	100.0%	100.0%	100.0%
		合计	15.8%	53.2%	26.0%	4.3%	0.7%	100.0%

通过图表分析，我们可以明显看出，其他城市不同性别的博士人才在现单位给予的工作量状况的满意度的感受上显著不同。男性的"不满意"约为"非常不满意"的4倍，约为"一般的"2.5倍，是"满意"的22倍，"非常满意"的77倍。而女性的"不满意"是"非常不满意"的3倍，约为"一般的"1.5倍，约为"满意"的6倍，"非常满意"的69倍。男性选取

"不满意"的比率远高于女性，选取"满意"的比率，远低于女性。

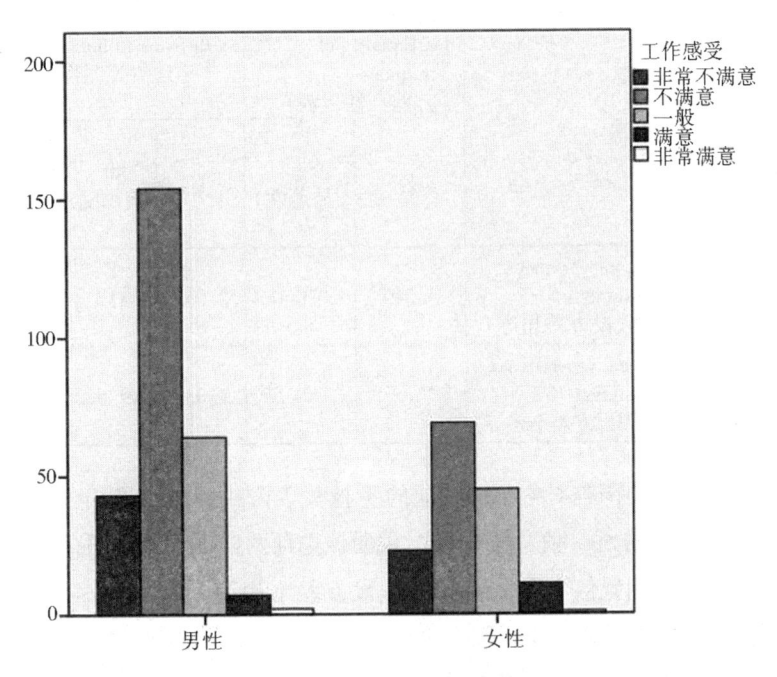

图 4-5 第三类对象"性别"和"工作感受"的交叉分析

第一类调查对象则没有这个显著性。原因可能是：中西部地区中小城市的总体工作压力相对较低，男女皆可从事相关工作，差异感受不明显。而其他城市，由于工作压力相对较高，工作种类差异较大，工作单位相对更愿意聘用男性，以应对相对压力大的工作，而不是女性，因此工作感受差异相对更为明显。

（2）第三类调查对象不同专业的 T 检验

通过频数分析已知，不同专业虽然有三个选项，但选择的结果只有两个：A. 社科类，B. 理工类，第三个选项选取人数为 0。在统计学上并无太大意义，且总体数量相对较少，因此无法进行单因素方差分析。基于其在统计学理论上基本符合 T 检验之要求，我们对于其进行 T 检验。

表 4-64 第三类调查对象不同专业的 T 检验表

		Levene's Test for Equality of Variances（方差齐性检验）		t-test for Equality of Means（平均值等同性 t 检验）		
		F	Sig.（显著性）	t	df（自由度）	Sig.（2-tailed）（双侧置信水平）
学习培训状况	Equal variances assumed（假设方差相等）	3.546	0.060	2.035	417	0.043
	Equal variances not assumed（假设方差不相等）			2.032	389.620	0.043

从上述第三类调查对象不同专业的 T 检验表，我们可以看出，"工作与专业相符情况"的 Sig. 值小于 0.05，说明该选项两样本方差之间存在显著差别。因此该项双侧置信水平需要看"假设方差不相等"，也就是第二排。其他选项的方差齐性检验，Sig. 值全都大于 0.05，说明其他选项的两样本方差之间不存在显著差别。因此其他选项双侧置信水平需要看"假设方差相等"，也就是第一排。

通过观察，我们可以发现，"学习培训状况"存在显著差异，但显著性不强。双侧置信水平 Sig.（2-tailed）为 0.043，小于 0.05。其他选项的双侧置信水平 Sig.（2-tailed）都大于 0.05，没有显著性。

比较发现，不同专业第一类调查对象在"工作与专业相符情况"方面存在显著差异，但显著性不强。而不同专业第三类调查对象在"学习和培训状况"方面存在显著差异，但显著性也不强。

原因可能是，对于"工作与专业相符情况"，其他城市博士人才工作流动性相对更强，因此都感觉一般。而中西部地区中小城市工作较为固定，流动性弱，且理工类专业性较强，找工作针对性较强，因此感觉一般；社科类专业性较差，找工作针对性较弱，加之中西部地区中小城市流动性差，因此，对专业的相符性相对感觉不满意。第三类调查对象在"学习和培训状况"方面存在显著差异，可能是由于研究限制或者抽样方法或者其他原因。

第四节 单因素方差分析

单因素方差分析（One-Way ANOVA）是方差分析类型中最基本的一种，研究的是一个因素对于试验结果的影响和作用，这一因素可以有不同的取值或者是分组。单因素方差分析所要检验的问题就是因素选择不同的取值或者分组时，对结果有无显著差异（杨维忠和张甜，2011）。单因素方差分析可以进行两两组间均值的比较，即组间均值的多重比较。

LSD 法，最小显著差法。侧重于减少第二类错误，此法精度较差，易把不该判断为显著的差异错判为显著，敏感度最高。一般认为，比较组数 K≥3 时，任何两个样本的平均数比较会牵连其他平均数的对比关系，而使比较数再也不是两个相互独立的样本均数的比较，这是 LSD 法无法克服的缺点。

Bonferroni 法，修正差别检验法。由 LSD 修正而来，通过设置每个检验的 α 水准来控制总的 α 水准。但是比较的次数越多，比较的结果越保守。

Games-Howell 法，基于 welch's 对 T 检验的自由度进行校正，该检验适用于样本含量不大且方差不齐（轻度方差不齐例外）时的情况，是方差不齐时的一种较好且较为常用的方法。

对于多重比较，本研究选取"Bonferroni 法"作为各组方差齐性（equal variance assumed）时的比较方法。当各组方差不齐性（equal variance not assumed）时本研究选取"Games-Howell 法"。

一、第一类调查对象的单因素方差分析

（1）第一类调查对象婚姻及家庭状况的单因素方差分析

表 4-65 第一类调查对象婚姻及家庭状况的单因素方差分析表

方差齐次性检验

	Sig.（显著性）
工作设备状况	0.038
工作与专业相符情况	0.323
工作感受	0.002
与同事关系	0.086
与领导关系	0.641
文娱活动	0.359
学习培训状况	0.305

多重比较

Dependent Variable（因变量）		（I）婚姻及家庭状况	（J）婚姻及家庭状况	Sig.（显著性）
工作设备状况	Games-Howell 检验	单身	已婚无子女	1.000
			已婚有子女	0.859
			其他	0.161
		已婚无子女	单身	1.000
			已婚有子女	0.859
			其他	0.161
		已婚有子女	单身	0.859
			已婚无子女	0.859
			其他	0.012
		其他	单身	0.161
			已婚无子女	0.161
			已婚有子女	0.012

资料来源：研究者自行整理

从齐次性检验，我们可以看出：

"工作设备状况"P值小于0.05，各组方差不齐次，选取"Games-Howell法"作为比较方法。

"工作与专业相符情况"P值大于0.05，各组方差齐次，选取"Bonferroni法"作为比较方法。

"工作感受"P值小于0.05，各组方差不齐次，选取"Games-Howell法"作为比较方法。

"与同事关系"P值大于0.05，各组方差齐次，选取"Bonferroni法"作为比较方法。

"与领导关系"P值大于0.05，各组方差齐次，选取"Bonferroni法"作为比较方法。

"文娱活动"P值大于0.05，各组方差齐次，选取"Bonferroni法"作为比较方法。

"学习培训状况"P值大于0.05，各组方差齐次，选取"Bonferroni法"作为比较方法。

齐次性检验之后，我们观察多重比较情况，可以得出：在"工作设备状况"中，"已婚有子女"和"其他"两种情况有显著性。可能是由于研究限制或者抽样方法或者其他因素。

其他选项都没有较强的显著性。

(2) 第一类调查对象中西部地区中小城市居住时间单因素方差分析

通过单因素方差分析，我们得出所有选项都不存在显著性。因此，不再列出表格。

(3) 第一类调查对象中西部地区中小城市工作时间单因素方差分析

表 4-66　第一类调查对象中西部地区中小城市工作时间单因素方差分析表

齐次性检验

	Sig.（显著性）
工作设备状况	0.288
工作与专业相符情况	0.044
工作感受	0.507
与同事关系	0.507
与领导关系	0.594
文娱活动	0.538
学习培训状况	0.658

多重比较

Dependent Variable（因变量）		（I）在中小城市工作时间	（J）在中小城市工作时间	Sig.（显著性）
工作感受	Bonferroni 校正	5 年以下	5~10 年	1.000
			10 年以上	0.052
		5~10 年	5 年以下	1.000
			10 年以上	0.028
		10 年以上	5 年以下	0.052
			5~10 年	0.028

通过单因素方差分析，我们只将存在显著性的项留下，其他删除。经过多重比较可以得出：

在"工作感受"中，"10 年以上"和"5~10 年"存在显著性。

其他选项都没有较强的显著性。

通过图 4-6 我们可以看出，在"工作感受"中，"5 年以下"和"5~10 年"都处于满意阶段，两者相差不明显，"10 年以上"却处在一般阶段，说明博士人才在中西部地区中小城市工作时间越长对于单位给予的工作量状况越不满意。

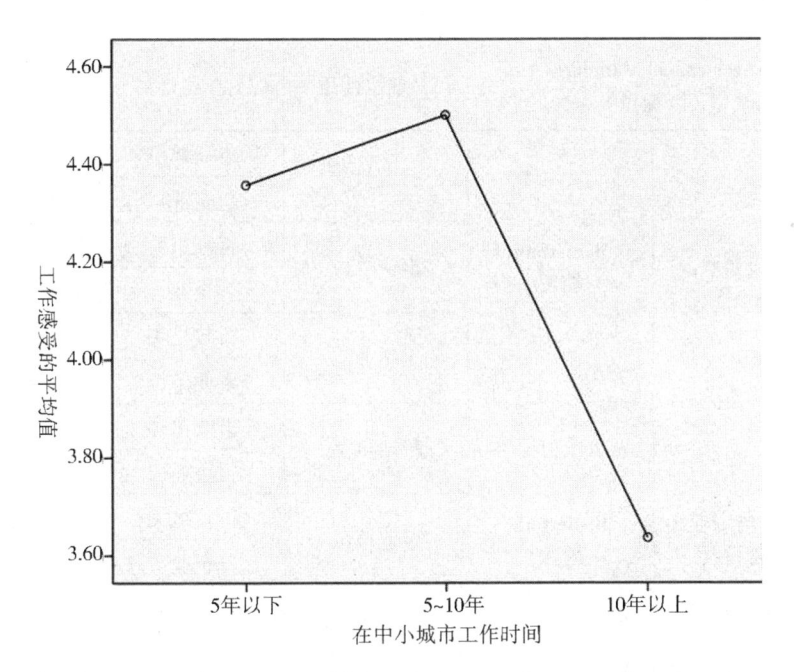

图 4-6　第一类调查对象工作时间与工作感受均值折线图

（4）第一类调查对象单位性质的单因素方差分析

表 4-67　第一类调查对象单位性质的单因素方差分析表

齐次性检验

	Sig.（显著性）
工作设备状况	0.562
工作与专业相符情况	0.181
工作感受	0.578
与同事关系	0.290
与领导关系	0.021
文娱活动	0.116
学习培训状况	0.071

多重比较

Dependent Variable（因变量）		(I) 单位性质	(J) 单位性质	Sig.（显著性）
工作设备状况	Bonferroni校正	行政机关	事业单位	0.702
			企业	0.995
		事业单位	行政机关	0.702
			企业	0.017
		企业	行政机关	0.995
			事业单位	0.017
工作与专业相符情况	Bonferroni校正	行政机关	事业单位	0.004
			企业	0.000
		事业单位	行政机关	0.004
			企业	0.000
		企业	行政机关	0.000
			事业单位	0.000

通过单因素方差分析，我们只将存在显著性的项留下，其他删除。经过多重比较可以得出：

在"工作设备状况"中，"事业单位"和"企业"存在显著性。

在"工作与专业相符情况"中，"行政单位"和"事业单位"，"行政单位"和"企业"，"事业单位"和"企业"三组都存在显著性。

其他选项都没有较强的显著性。

通过图4-7我们可以看出，在"工作设备状况"中，事业单位的调查对象趋向于不满意，而企业为一般，两者差异明显。这说明在中西部地区中小城市的博士人才，在事业单位的，对工作设备更不满意，在企业的感觉一般。原因是事业单位属于政府拨款单位，中西部地区中小城市的政府财政较为紧张，主要设备支出集中在行政机关，所以在事业单位的设备支出相对较少。而企业是自收自支单位，其主要收入来源于企业盈利，所以企业对工作人员的设备更为重视。

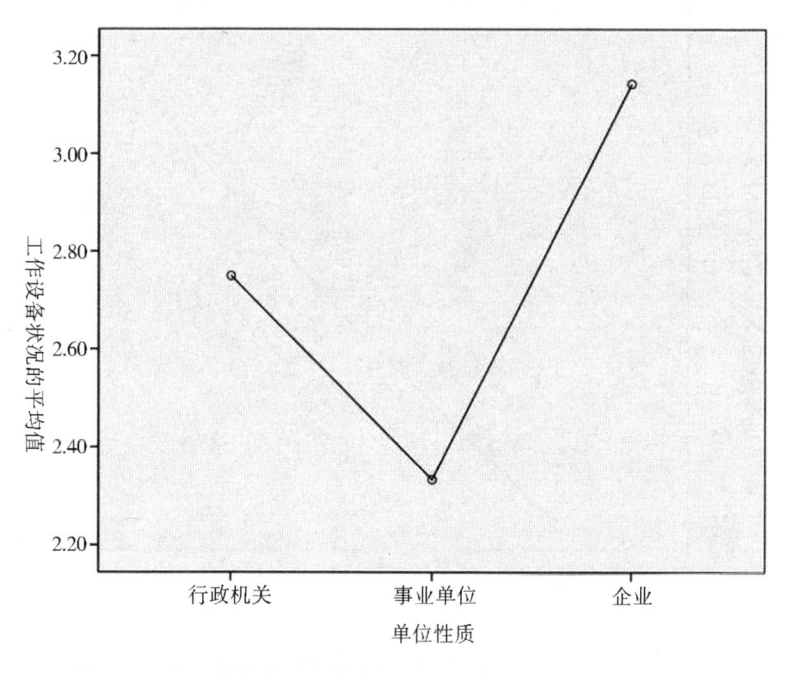

图4-7 第一类调查对象单位性质和工作设备状况均值折线图

通过图4-8我们可以看出,"工作与专业相符情况"中,"行政机关"为不满意,"事业单位"为一般,企业为"满意"。这说明在中西部地区中小城市的博士人才,在行政机关工作的,工作与专业很不相符;而在事业单位的一般;在企业的博士人才,工作与专业的相符性较高。原因是中西部地区中小城市的行政机关较为封闭,岗位的流动性较差,岗位的划分也相对更不科学,行政命令相对较为强硬,这就造成了博士人才在行政机关学无所用。而事业单位虽然也是行政管理,但其管理相对于行政机关来说更为宽松,因此,在事业单位的博士人才专业和工作的相符性相对更高。企业主要收入来源于盈利,招收人才的根本在于最大范围地使用,因此,在企业,博士人才可以充分发挥其专业优势,达到学以致用。

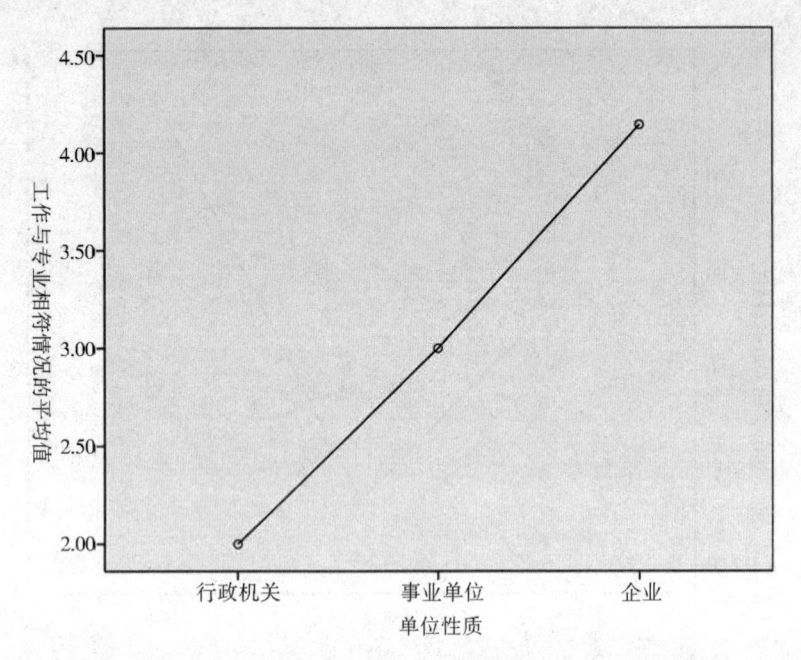

图 4-8　第一类对象单位性质和工作与专业相符情况均值折线图

(5) 第一类调查对象平均月收入的单因素方差分析

表 4-68　第一类调查对象平均月收入的单因素方差分析表

齐次性检验

	Sig.（显著性）
工作设备状况	0.164
工作与专业相符情况	0.016
工作感受	0.869
与同事关系	0.046
与领导关系	0.034
文娱活动	0.010
学习培训状况	0.521

第四章 研究统计与分析

多重比较

Dependent Variable（因变量）		（I）平均月收入（元）	（J）平均月收入（元）	Sig.（显著性）
工作设备状况	Bonferroni 校正	2742 及以下	2743~4002	1.000
			4003~5117	1.000
			5118 及以上	1.000
		2743~4002	2742 及以下	1.000
			4003~5117	0.143
			5118 及以上	0.029
		4003~5117	2742 及以下	1.000
			2743~4002	0.143
			5118 及以上	1.000
		5118 及以上	2742 及以下	1.000
			2743~4002	0.029
			4003~5117	1.000
与领导关系	Games-Howell 检验	2742 及以下	2743~4002	0.825
			4003~5117	1.000
			5118 及以上	0.959
		2743~4002	2742 及以下	0.825
			4003~5117	0.439
			5118 及以上	0.001
		4003~5117	2742 及以下	1.000
			2743~4002	0.439
			5118 及以上	0.902
		5118 及以上	2742 及以下	0.959
			2743~4002	0.001
			4003~5117	0.902

续表

Dependent Variable（因变量）		(I) 平均月收入（元）	(J) 平均月收入（元）	Sig.（显著性）
文娱活动	Games-Howell 检验	2742 及以下	2743~4002	0.933
			4003~5117	0.869
			5118 及以上	0.998
		2743~4002	2742 及以下	0.933
			4003~5117	0.000
			5118 及以上	0.710
		4003~5117	2742 及以下	0.869
			2743~4002	0.000
			5118 及以上	0.080

通过单因素方差分析，我们只将存在显著性的项留下，其他删除。经过多重比较可以得出：

在"工作设备状况"中，"2743~4002"和"5118及以上"有显著性。

在"与领导关系"中，"2743~4002"和"5118及以上"有显著性。

在"文娱活动"中，"2743~4002"和"4003~5117"有显著性。

其他选项都没有较强的显著性。

在"工作设备状况"中，"2743~4002"和"5118及以上"有显著性。是由于研究限制或者抽样方法或者其他因素。

通过图4-9我们可以看出，在"与领导关系"中，月收入在"2743~4002"的博士人才对与领导之间的工作关系在不满意附近，而月收入在"5118及以上"的博士人才对与领导之间的工作关系在满意附近，两者有显著差异。原因可能是在中西部地区中小城市的博士人才月收入在"5118及以上"的，可以达到全国平均博士起薪及以上，在中西部地区中小城市相对较高，说明领导对其更加尊重，因此与领导关系更为融洽。而月收入仅在"2743~4002"的博士人才，其工资仅为全国本科收入水平，说明领导对其不够重视，漠视博士人才，因此其与领导关系更为冷淡。

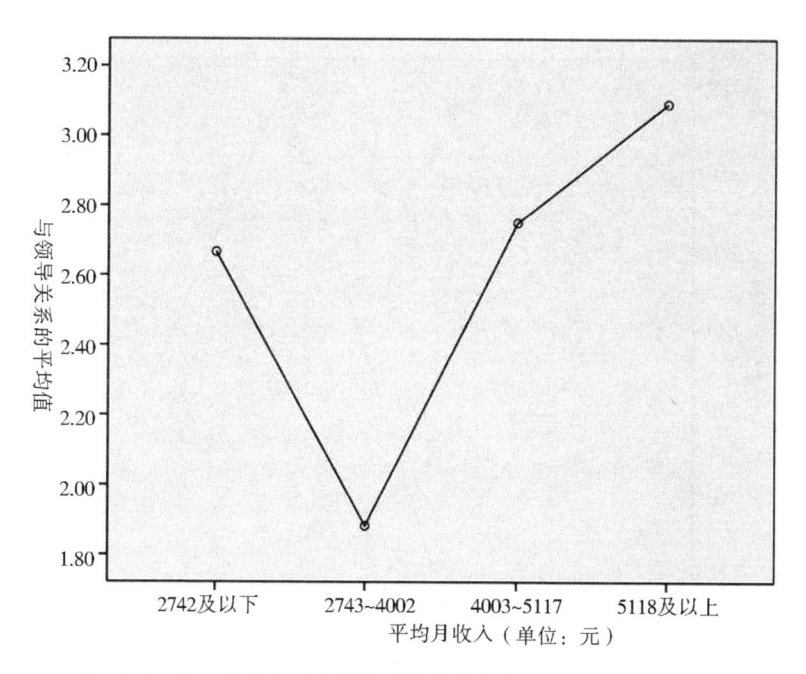

图 4-9　第一类调查对象平均月收入和与领导关系均值折线图

通过图 4-10 我们可以看出，在"文娱活动"中，月收入在"2743~4002"的博士人才对单位的文体娱乐活动在不满意附近，而月收入在"4003~5117"的博士人才对单位的文体娱乐活动在满意附近，两者有显著差异。原因是在中西部地区中小城市的博士人才月收入在"2742及以下"和"5118及以上"的，是两个极端，一个极低，一个极高。受收入水平的影响，其对文娱活动的重视和敏感度要相对更低，相对更不关心单位文娱活动的情况，所以才凸显出另外两类人群的显著差异。

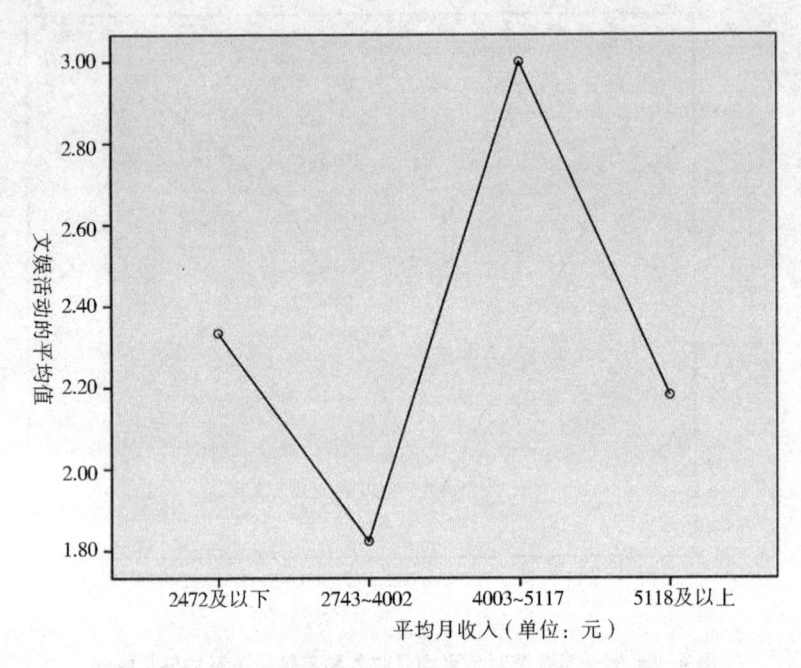

图 4-10　第一类调查对象平均月收入和文娱活动均值折线图

（6）第一类调查对象住房状况的单因素方差分析

通过单因素方差分析，我们得出所有选项都不存在显著性。因此，不再列出表格。

二、第三类调查对象的单因素方差分析

（1）第三类调查对象年龄的单因素方差分析

表 4-69　第三类调查对象年龄的单因素方差分析表

齐次性检验

	Sig.（显著性）
工作设备状况	0.218
工作与专业相符情况	0.317
工作感受	0.707
与同事关系	0.265

续表

	Sig.（显著性）
与领导关系	0.055
文娱活动	0.069
学习培训状况	0.291

多重比较

Dependent Variable（因变量）		（I）年龄	（J）年龄	Sig.（显著性）
学习培训状况	Bonferroni 校正	29岁及以下	30~39岁	0.023
			40~54岁	0.277
		30~39岁	29岁及以下	0.023
			40~54岁	1.000
		40~54岁	29岁及以下	0.277
			30~39岁	1.000

通过单因素方差分析，我们只将存在显著性的项留下，其他删除。经过多重比较可以得出：

在"学习培训状况"中，"29岁及以下"和"30~39岁"有显著性。

其他选项都没有较强的显著性。

通过图4-11我们可以看出，年龄在"29岁及以下"的博士人才对单位的学习培训状况趋向于一般和满意之间，而"30~39岁"的博士人才对单位的学习培训状况趋向于一般。两者差异较显著。

将第三类调查对象与第一类调查对象相比较，第一类调查对象则都不显著。原因是中西部地区中小城市单位工作状况较为封闭和保守，因此学习和培训机会相对较少。但博士人才工作集中在行政和事业单位，较为固定，因此第一类调查对象的差异不显著。而其他城市的单位工作状况更加开放和注重实操，在行政事业单位以外工作的人群也相对更多，更换工作也更为频繁，因此，两类人群的感受不同。且因为博士毕业年纪已经较大，29岁及以下的情况一般工作时间非常短，刚到工作单位，新鲜感较强，因此对"学习和培训状况"更为不重视,而 30~39 岁博士人才由于已经工作较长一段时间,对工作现状比较了解,且有一定的憧憬,希望有一番作为,因此比较关注"学习和培训状况",相对更不容易满意。而 40~54 岁的博士人才已步入中年,工作性质较为稳定,关注点同样也不在"学习和培训状况"上。

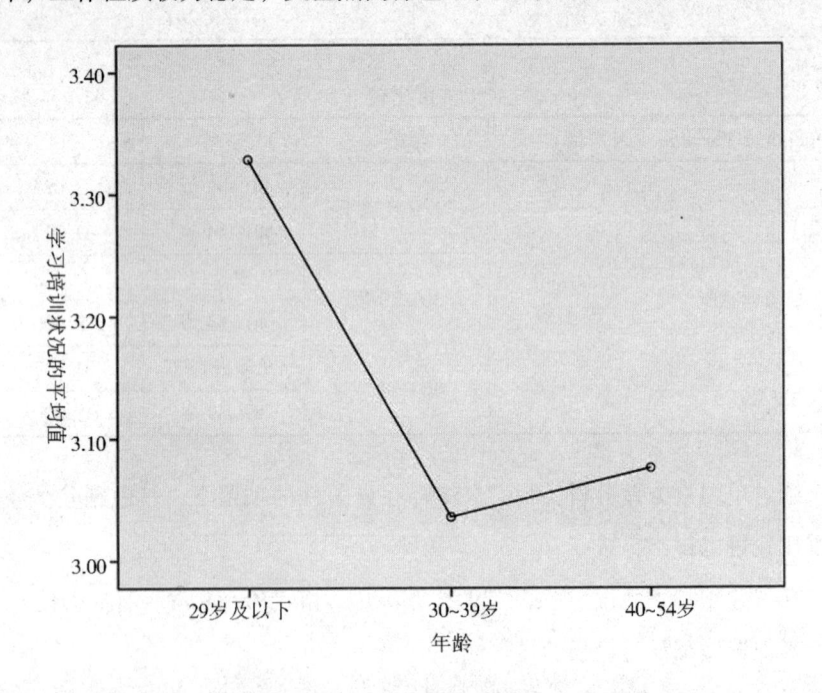

图 4-11 第三类调查对象年龄和学习培训状况均值折线图

(2) 第三类调查对象单位性质的单因素方差分析

表 4-70 第三类调查对象单位性质的单因素方差分析表

齐次性检验

	Sig. (显著性)
工作设备状况	0.766
工作与专业相符情况	0.756
工作感受	0.751
与同事关系	0.222

续表

	Sig.（显著性）
与领导关系	0.233
文娱活动	0.221
学习培训状况	0.406

多重比较

Dependent Variable（因变量）		（I）单位性质	（J）单位性质	Sig.（显著性）
工作设备状况	Bonferroni 校正	行政机关	事业单位	0.100
			企业	0.100
		事业单位	行政机关	0.100
			企业	0.004
		企业	行政机关	0.100
			事业单位	0.004
工作与专业相符情况	Bonferroni 校正	行政机关	事业单位	0.053
			企业	0.036
		事业单位	行政机关	0.053
			企业	0.100
		企业	行政机关	0.036
			事业单位	0.100
与领导关系	Bonferroni 校正	行政机关	事业单位	0.100
			企业	0.181
		事业单位	行政机关	0.100
			企业	0.003
		企业	行政机关	0.181
			事业单位	0.003

通过单因素方差分析，我们只将存在显著性的项留下，其他删除。经过多重比较可以得出：

在"工作设备状况"中，"事业单位"和"企业"存在显著性。

在"工作与专业相符情况"中，"行政机关"和"企业"有显著性。

在"与领导关系"中，"事业单位"和"企业"有显著性。

其他选项都没有较强的显著性。

第一类调查对象的情况是：

在"工作设备状况"中，"事业单位"和"企业"存在显著性。

在"工作与专业相符情况"中，"行政单位"和"事业单位"，"行政单位"和"企业"，"事业单位"和"企业"三组都存在显著性。

第一类和第三类调查对象结果对比，我们发现：

在"工作设备状况"中，第一类调查对象和第三类调查对象存在显著性的项相同，笔者认为原因基本相同，不再复述。

在"工作与专业相符情况"中，"行政单位"和"企业"都具有显著性，笔者认为原因基本相同，不再复述。但第一类调查对象"事业单位"和"企业"，"事业单位"和"行政单位"两组存在显著性，而第三类调查对象没有，原因是其他城市相对更为开放和自由，流动性更强。

在"与领导关系"中，第三类调查对象"事业单位"和"企业"有显著性，而第一类调查对象没有。原因是中西部地区中小城市相对更加封闭和保守，"事业单位"和"企业"的领导相对都更加保守，一致性强。而其他城市，自负盈亏的"企业"为了企业生存，企业领导自然更加重视博士人才，而由政府负担的事业单位，对博士人才重视的敏感性更差。

(3) 第三类调查对象平均月收入的单因素方差分析

表 4-71　第三类调查对象平均月收入的单因素方差分析表

齐次性检验

	Sig.（显著性）
工作设备状况	0.415

续表

	Sig.（显著性）
工作与专业相符情况	0.954
工作感受	0.287
与同事关系	0.517
与领导关系	0.187
文娱活动	0.026
学习培训状况	0.063

多重比较

Dependent Variable（因变量）		（I）平均月收入（元）	（J）平均月收入（元）	Sig.（显著性）
工作设备状况	Bonferroni 校正	2742及以下	2743~4002	1.000
			4003~5117	1.000
			5118及以上	1.000
		2743~4002	2742及以下	1.000
			4003~5117	0.685
			5118及以上	0.015
		4003~5117	2742及以下	1.000
			2743~4002	0.685
			5118及以上	1.000
		5118及以上	2742及以下	1.000
			2743~4002	0.015
			4003~5117	1.000

通过单因素方差分析，我们只将存在显著性的项留下，其他删除。经过多重比较可以得出：

在"工作设备状况"中，"2743~4002"和"5118及以上"有显著性。其他选项都没有较强的显著性。

而第一类调查对象的结果是：

在"工作设备状况"中,"2743~4002"和"5118及以上"有显著性。

在"与领导关系"中,"2743~4002"和"5118及以上"有显著性。

在"文娱活动"中,"2743~4002"和"4003~5117"有显著性。

比较两组数据可知:

在"工作设备状况"中,都在"2743~4002"和"5118及以上"有显著性。笔者认为原因基本相同,不再复述。

在"与领导关系"中,第一类调查对象在"2743~4002"和"5118及以上"有显著性,而第三类调查对象没有。是由于研究限制或者抽样方法或者其他原因。

在"文娱活动"中,第三类调查对象没有显著差异。第一类调查对象"2743~4002"和"4003~5117"有显著性。原因是:第一,其他城市的文体娱乐活动普遍多于中西部地区中小城市,各个单位都有较为丰富的文体娱乐活动,所以之间差距不大。第二,其他城市的市场经济体制更为完善,城市更为发达。博士人才更关注于市场经济活动和其他方面,对单位的文娱活动的关注度更不敏感。

(4) 第三类调查对象住房状况的单因素方差分析

表4-72 第三类调查对象住房状况的单因素方差分析表

齐次性检验

	Sig.（显著性）
工作设备状况	0.099
工作与专业相符情况	0.638
工作感受	0.096
与同事关系	0.266
与领导关系	0.148
文娱活动	0.070
学习培训状况	0.498

多重比较

Dependent Variable（因变量）		（I）住房状况	（J）住房状况	Sig.（显著性）
学习培训状况	Bonferroni 校正	福利性房	自购	0.026
			租房	1.000
		自购	福利性房	0.026
			租房	0.093
		租房	福利性房	1.000
			自购	0.093

通过单因素方差分析，我们只将存在显著性的项留下，其他删除。经过多重比较可以得出：

在"学习培训状况"中，"福利性房"和"自购"有显著性。

其他选项都没有较强的显著性。

而第一类调查对象的结果是都没有显著性。

对两类调查对象对比分析，可知：在"学习培训状况"中，第三类调查对象"福利性房"和"自购"有显著性。而第一类调查对象没有。原因是中西部地区中小城市相对封闭，学习培训普遍不多。而其他城市拥有"福利性房"的博士人才工作相对集中在行政机关和事业单位，组织学习培训相对较多，且在中国大陆，行政事业单位组织学习培训活动所花费的费用也更多，且具有一定的政治性。自购住房的博士人才较为分散，各行各业都有，和行政事业单位相比，学习培训活动相对更少。

第五节 卡方检验

卡方检验主要用于无序分类变量的统计推断，卡方检验是在应用的程度上可以和T检验相媲美的另一种常用检验方法。一般情况下，本研究计划使用的检验标准有：

Pearson chi-square：皮尔逊卡方。N ≥40 且 T（期望值）≥5 时使用。

Continuity Correction：连续性校正卡方。N ≥40 且 1 ≤T<5 时使用。

Fisher's Exact Test：费舍尔精确检验。N<40 或 T<1 时使用。

当卡方检验的期望频次小于 5 的格值数超过 20%时，用费舍尔精确数据的检验结果。

由于篇幅较大，因此，本研究只罗列出有显著性的项，没有显著性的项省略。

一、第一类调查对象的卡方检验

（1）单位性质的卡方检验

表 4-73　第一类调查对象单位性质和平均月收入的卡方检验

	Value（值）	df（自由度）	Asymp. Sig.（2-sided）渐进［Sig.（双侧）］	Exact Sig.（2-sided）精确［Sig.（双侧）］	Exact Sig.（1-sided）精确［Sig.（单侧）］	Point Probability（点概率）
Pearson Chi-Square（Pearson 卡方）	15.795a	6	0.015	0.014		
Likelihood Ratio（似然比）	18.384	6	0.005	0.006		
Fisher's Exact Test（Fisher 精确检验）	15.152			0.003		
Linear-by-Linear Association（线性和线性组合）	10.727b	1	0.001	0.000	0.000	0.000
N of Valid Cases（有效案例中的 N）	35					

可以看出，中西部地区中小城市的博士人才，不同单位性质在平均月收入上存在显著差异。事业单位的工资水平在"2743～4002 元"的比率，远高于其他两类单位。而行政单位没有工资在"5118 元及以上"的，企业没有工资在 4003 元以下的。

第四章 研究统计与分析

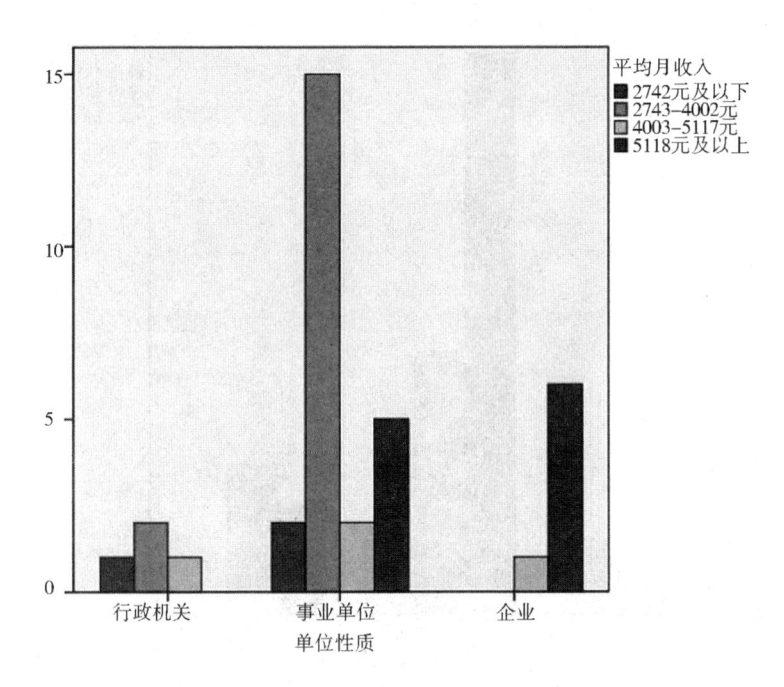

图 4-12 第一类调查对象单位性质和平均月收入的条形图

表 4-74 第一类调查对象单位性质和住房状况的卡方检验

	Value（值）	df（自由度）	Asymp. Sig. (2-sided) 渐进［Sig.（双侧）］	Exact Sig. (2-sided) 精确［Sig.（双侧）］	Exact Sig. (1-sided) 精确［Sig.（单侧）］	Point Probability（点概率）
Pearson Chi-Square（Pearson 卡方）	10.280a	4	0.036	0.036		
Likelihood Ratio（似然比）	10.646	4	0.031	0.038		
Fisher's Exact Test（Fisher 精确检验）	8.380			0.045		
Linear-by-Linear Association（线性和线性组合）	2.787b	1	0.095	0.124	0.073	0.046
N of Valid Cases（有效案例中的 N）	35					

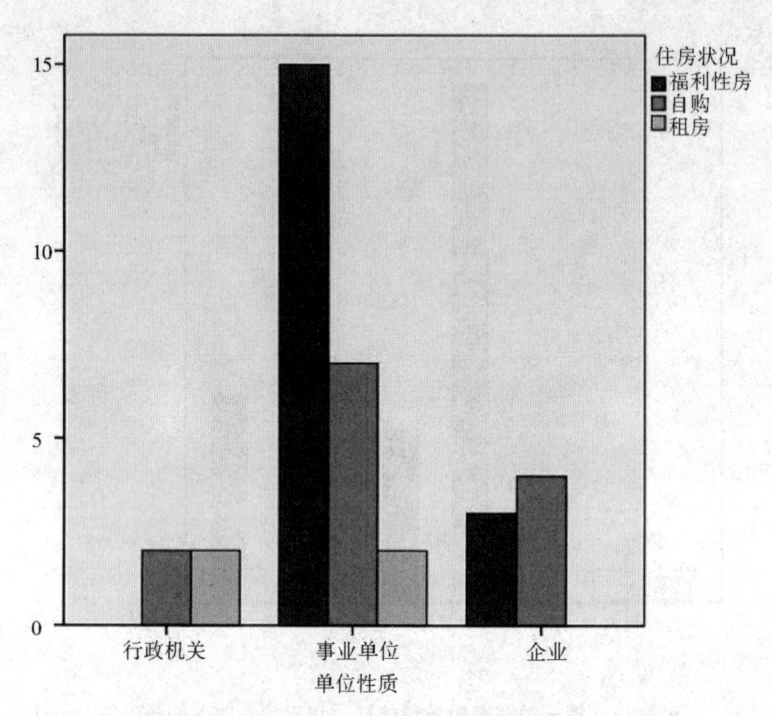

图 4-13　第一类调查对象单位性质和住房状况的条形图

可以看出，中西部地区中小城市的博士人才，不同单位性质在住房状况上存在显著差异。事业单位福利性房的比率远高于其他两类单位，而行政机关没有福利性房，企业没有租房的。说明中央政府一直持续监管的"国家机关不得私建福利性住房"的政策在中西部地区中小城市有一定效果。

（2）平均月收入的卡方检验

表 4-75　第一类调查对象平均月收入和交通工具的卡方检验

	Value（值）	df（自由度）	Asymp. Sig. (2-sided) 渐进［Sig.（双侧）］	Exact Sig. (2-sided) 精确［Sig.（双侧）］	Exact Sig. (1-sided) 精确［Sig.（单侧）］	Point Probability （点概率）
Pearson Chi-Square （Pearson 卡方）	20.173a	12	0.064	0.057		

续表

	Value（值）	df（自由度）	Asymp. Sig. (2-sided) 渐进［Sig.（双侧）］	Exact Sig. (2-sided) 精确［Sig.（双侧）］	Exact Sig. (1-sided) 精确［Sig.（单侧）］	Point Probability（点概率）
Likelihood Ratio（似然比）	25.531	12	0.012	0.014		
Fisher's Exact Test（Fisher 精确检验）	18.986			0.014		
Linear-by-Linear Association（线性和线性组合）	0.146b	1	0.703	0.719	0.372	0.038
N of Valid Cases（有效案例中的 N）	35					

可以看出，中西部地区中小城市的博士人才，不同的平均月收入在交通工具上存在显著差异。工资达到4003元之后，汽车拥有率明显高于其他交通工具的比率。

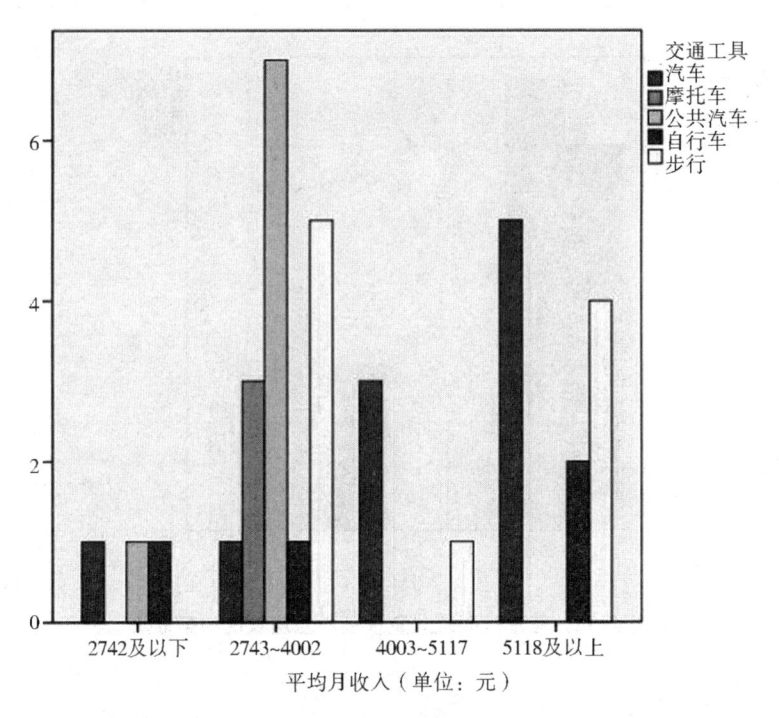

图 4-14　第一类调查对象平均月收入和交通工具的条形图

二、第三类调查对象的卡方检验

（1）性别的卡方分析

表 4-76 第三类调查对象性别和住房状况的卡方检验

	Value（值）	df（自由度）	Asymp. Sig. (2-sided) 渐进 [Sig.（双侧）]	Exact Sig. (2-sided) 精确 [Sig.（双侧）]	Exact Sig. (1-sided) 精确 [Sig.（单侧）]	Point Probability（点概率）
Pearson Chi-Square（Pearson 卡方）	6.911a	2	0.032	0.032		
Likelihood Ratio（似然比）	6.775	2	0.034	0.035		
Fisher's Exact Test（Fisher 精确检验）	6.783			0.034		
Linear-by-Linear Association（线性和线性组合）	6.290b	1	0.012	0.014	0.007	0.002
N of Valid Cases（有效案例中的 N）	419					

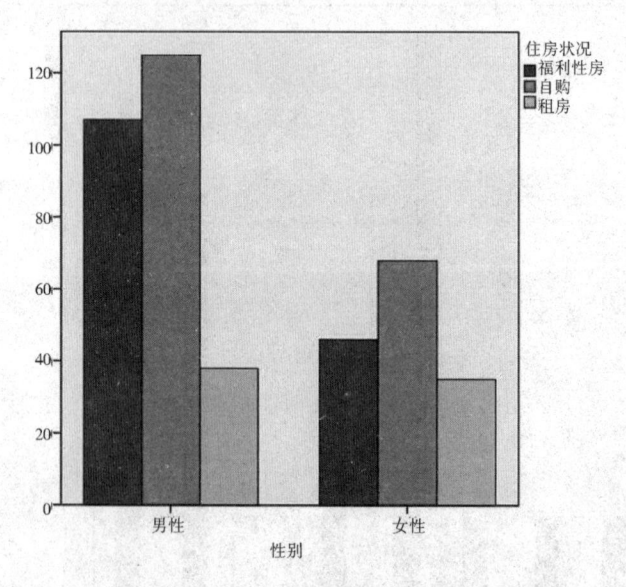

图 4-15 第三类调查对象性别和住房状况的条形图

可以看出，其他城市的博士人才，不同性别在住房状况上存在显著差异。男性租房的比率远低于女性。

（2）年龄的卡方分析

表4-77 第三类调查对象年龄和婚姻及家庭状况的卡方检验

	Value（值）	df（自由度）	Asymp. Sig. (2-sided)［渐进Sig.（双侧）］
Pearson Chi-Square（Pearson 卡方）	186.930a	6	0.000
Likelihood Ratio（似然比）	219.404	6	0.000
Linear-by-Linear Association（线性和线性组合）	128.690	1	0.000
N of Valid Cases（有效案例中的N）	419		

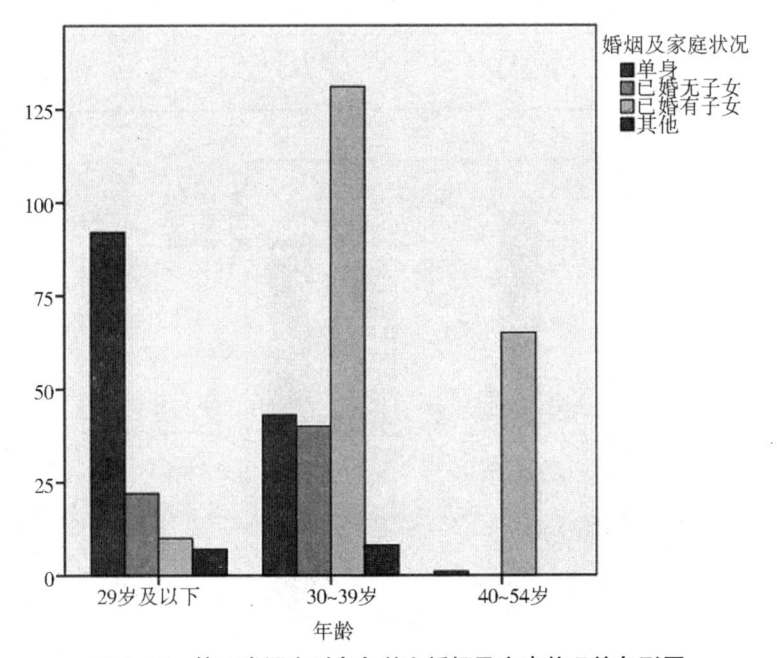

图4-16 第三类调查对象年龄和婚姻及家庭状况的条形图

可以看出，其他城市的博士人才，不同年龄在婚姻及家庭状况上存在显著差异。29岁及以下者,以单身居多。30~39岁者,以已婚有子女居多。40~54岁者,几乎只有已婚有子女的了。

(3) 专业的卡方分析

表 4-78 第三类调查对象专业和平均月收入的卡方检验

	Value（值）	df（自由度）	Asymp. Sig. (2-sided) 渐进 [Sig.（双侧）]	Exact Sig. (2-sided) 精确 [Sig.（双侧）]	Exact Sig. (1-sided) 精确 [Sig.（单侧）]	Point Probability（点概率）
Pearson Chi-Square（Pearson 卡方）	15.891a	3	0.001	0.001		
Likelihood Ratio（似然比）	16.277	3	0.001	0.001		
Fisher's Exact Test（Fisher 的精确检验）	15.633			0.001		
Linear-by-Linear Association（线性和线性组合）	3.580b	1	0.058	0.060	0.033	0.007
N of Valid Cases（有效案例中的 N）	419					

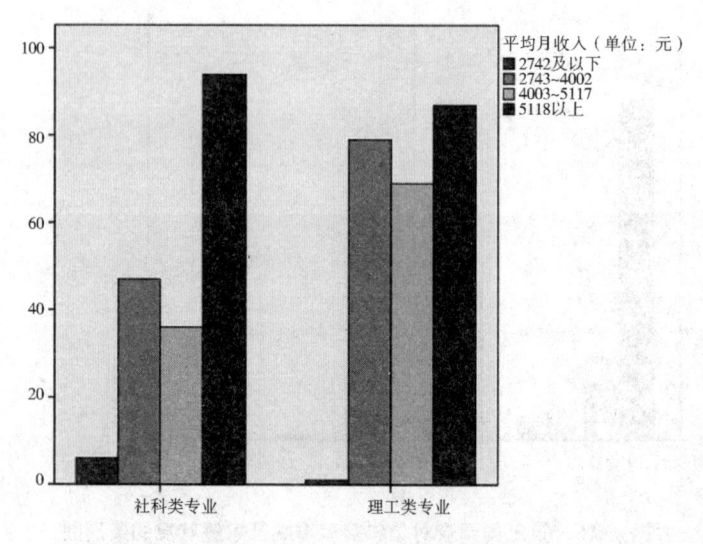

图 4-17 第三类调查对象专业和平均月收入的条形图

可以看出，其他城市的博士人才，不同专业在平均月收入上存在显著差异。社科类专业博士平均月收入"5118元及以上"的比率远大于其他。而理工类博士平均月收入在"2743～4002元""4003～5117元""5118元及以上"三个阶段的比率相差不明显。

（4）单位性质的卡方分析

表4-79 第三类调查对象单位性质和平均月收入的卡方检验

	Value（值）	df（自由度）	Asymp. Sig.（2-sided）渐进［Sig.（双侧）］	Exact Sig.（2-sided）精确［Sig.（双侧）］	Exact Sig.（1-sided）精确［Sig.（单侧）］	Point Probability（点概率）
Pearson Chi-Square（Pearson卡方）	55.393a	6	0.000	0.000		
Likelihood Ratio（似然比）	50.885	6	0.000	0.000		
Fisher's Exact Test（Fisher精确检验）	51.281			0.000		
Linear-by-Linear Association（线性和线性组合）	23.225b	1	0.000	0.000	0.000	0.000
N of Valid Cases（有效案例中的N）	419					

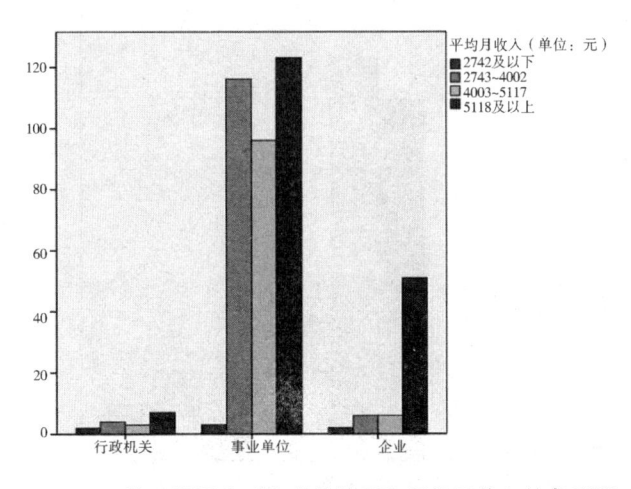

图4-18 第三类调查对象单位性质和平均月收入的条形图

173

可以看出，其他城市的博士人才，不同单位性质在平均月收入上存在显著差异。行政机关的各级工资比率相差不明显，但相比中西部地区中小城市的行政机关，其他城市的博士人才已经有人工资在"5118元及以上"了，并且这项比率是最高的。其他城市事业单位除"2742元及以下"外，其他各级工资水平比率相差不大。企业单位工资基本都在"5118元及以上"。

表 4-80　第三类调查对象单位性质和住房状况的卡方检验

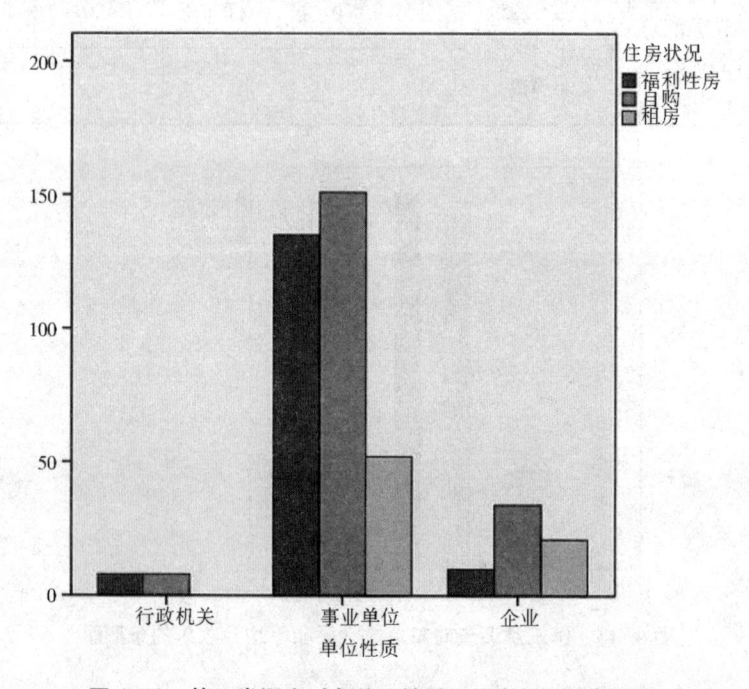

	Value（值）	df（自由度）	Asymp. Sig. （2-sided）[渐进 Sig. （双侧）]
Pearson Chi-Square（Pearson 卡方）	22.436a	4	0.000
Likelihood Ratio（似然比）	25.672	4	0.000
Linear-by-Linear Association（线性和线性组合）	21.189	1	0.000
N of Valid Cases（有效案例中的 N）	419		

图 4-19　第三类调查对象单位性质和住房状况的条形图

可以看出，其他城市的博士人才，不同单位性质在住房状况上存在显著差异。其他城市行政机关的情况集中在福利性房和自购，而中西部地区中小城市集中在自购和租房。其他城市事业单位福利性房和自购比率相当，而中西部地区中小城市集中在福利性房。其他城市企业集中在自购和租房，而中西部地区中小城市在企业的博士人才，没有租房者。

（5）平均月收入的卡方分析

表 4-81　第三类调查对象平均月收入和住房状况的卡方检验

	Value（值）	df（自由度）	Asymp. Sig. (2-sided) ［渐进 Sig.（双侧）］
Pearson Chi-Square（Pearson 卡方）	19.109a	6	0.004
Likelihood Ratio（似然比）	18.475	6	0.005
Linear-by-Linear Association（线性和线性组合）	2.125	1	0.145
N of Valid Cases（有效案例中的 N）	419		

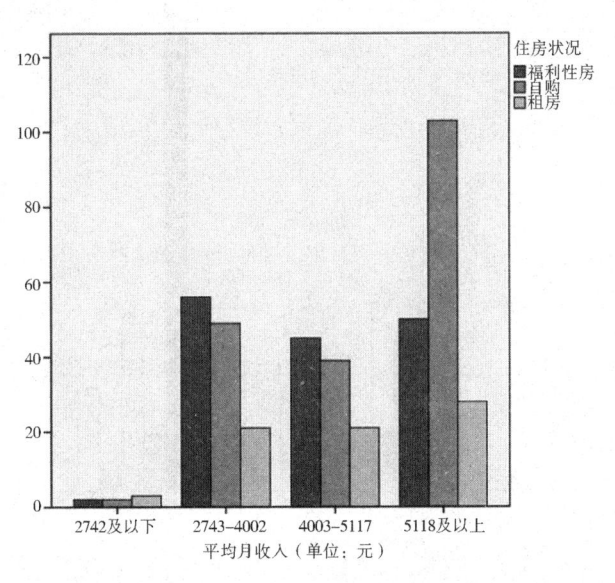

图 4-20　第三类调查对象平均月收入和住房状况的条形图

可以看出，其他城市的博士人才，不同平均月收入在住房状况上存在显著差异。月收入"5118元及以上"者中，自购住房比率远高于其他。

表4-82 第三类调查对象平均月收入和交通工具的卡方检验

	Value（值）	df（自由度）	Asymp. Sig. (2-sided)［渐进Sig.（双侧）］
Pearson Chi-Square（Pearson卡方）	67.075a	12	0.000
Likelihood Ratio（似然比）	67.165	12	0.000
Linear-by-Linear Association（线性和线性组合）	46.586	1	0.000
N of Valid Cases（有效案例中的N）	419		

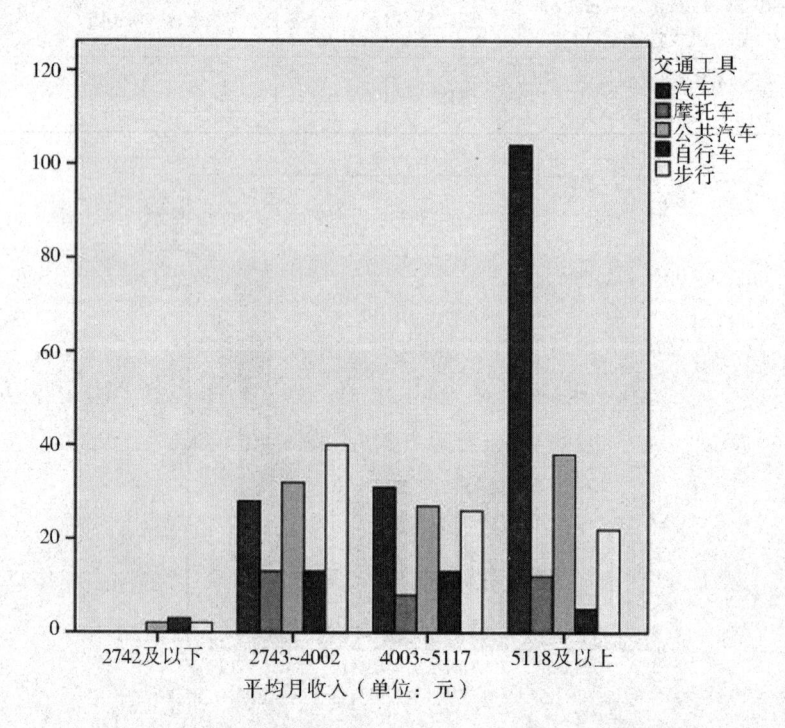

图4-21 第三类调查对象平均月收入和交通工具的条形图

可以看出，其他城市的博士人才，不同平均月收入在交通工具上存在显著差异。月收入"5118元及以上"者中，拥有汽车的比率远高于其他。中西部地区中小城市的博士人才，工资在4003元以上，购车比率就明显大幅增加，而在其他城市，只有工资在5118元及以上的时候，购车比率才会大幅增加，这与其他城市生活成本大，房价高，是有一定关系的。

第六节　层次分析法的统计与分析

层次分析法（AHP）的问卷是问卷中的B类，所有数据全部采用软件爱好者自编的简易、非商业AHP软件进行录入和分析。由于该软件属于非商业软件，较不完善，使用过程中，数据经常是输入下面丢失上面，数据的自动丢失较为严重。且输入方法较为原始和不方便，这给数据录入和分析带来了极大的困难。经过4天的坚持和努力，AHP数据全部输入完成。之所以只选择一个层次用作判断分析，原因在于在实际问卷调查中，本问卷只用一个层次，问卷就已经达到7页，对于一个现实的调查问卷来说，已经是很多了。如果增加一个层次，交叉对比的问题将多出好几十个，调查问卷将上升到20多页。一个20多页的调查问卷，在实际中很少有人愿意回答。因此，从研究的真实性角度出发，本研究只做一个层次的分析，以力求调查研究的真实、有效。

在问卷分析中，对于调查对象对于问卷题目所勾选的数字，本研究采用计算其几何平均数字的方式，建立成对比较矩阵，再透过层次分析软件，计算成对比较矩阵一致性。

判断矩阵既然是计算排序权向量的根据，那么要求判断矩阵有大体上的一致性是应该的，因此需要对判断矩阵进行一致性检验（孙建军和成颖，2006）。计算一致性比率 $C.R. = C.I./R.I.$（$C.I.$是一致性指数。$R.I.$是平均随机一致性指标)。一般认为,当 C.R. ≤0.1 时,判断矩阵的一致性是可以接受的。因此本研究将 C.R. ≥? 作为判断矩阵一致性能否接受的标准。

经过对三类调查对象的所有问卷进行一致性检验,本研究将 C.R. ≥0.1 的数据,也就是不符合一致性要求的数据全部删除,以下数据分析皆为通过一致性检验的数据。由于数据量较大,每个数据的一致性检验过程本研究在这里不再一一演示。

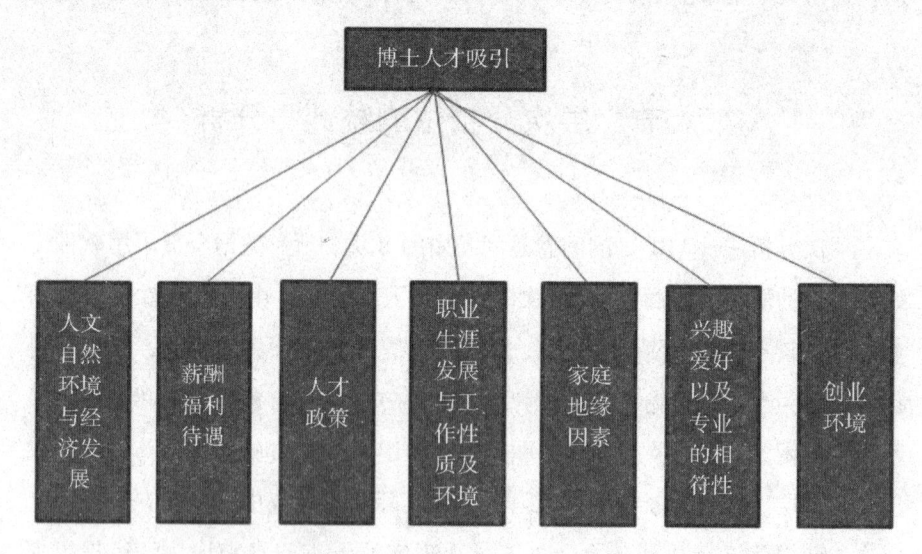

图 4-22 博士人才吸引力层次分析图

一、第一类调查对象的 AHP 分析

第一类调查对象,有效问卷 35 份,总判断矩阵一致性比例为 0.0068,符合一致性要求。

表 4-83 第一类调查对象的 AHP 总体分析表

博士人才吸引力	人文自然与经济	薪酬福利待遇	人才政策	职业发展与工作	家庭地缘	兴趣爱好及专业	创业环境	总计
人文自然与经济	1.0000	0.7336	0.5183	0.4716	0.8031	0.6873	0.7931	0.0939
薪酬福利待遇	1.3631	1.0000	0.8965	0.9746	1.7456	1.5526	1.7252	0.1725

续表

博士人才吸引力	人文自然与经济	薪酬福利待遇	人才政策	职业发展与工作	家庭地缘	兴趣爱好及专业	创业环境	总计
人才政策	1.9294	1.1155	1.0000	1.2744	2.3625	1.9316	2.0775	0.2150
职业发展与工作	2.1203	1.0261	0.7847	1.0000	2.0315	2.3414	2.1998	0.2038
家庭地缘	1.2452	0.5729	0.4233	0.4922	1.0000	1.0297	1.2185	0.1062
兴趣爱好及专业	1.4550	0.6441	0.5177	0.4271	0.9712	1.0000	1.1184	0.1091
创业环境	1.2609	0.5797	0.4813	0.4546	0.8207	0.8941	1.0000	0.0994

由上表，我们可以得出第一类调查对象的 AHP 总体排序。

表 4-84　第一类调查对象的 AHP 总体排序

备选方案	权重
人才政策	0.2150
职业发展与工作	0.2038
薪酬福利待遇	0.1725
兴趣爱好及专业	0.1091
家庭地缘	0.1062
创业环境	0.0994
人文自然与经济	0.0939

权重

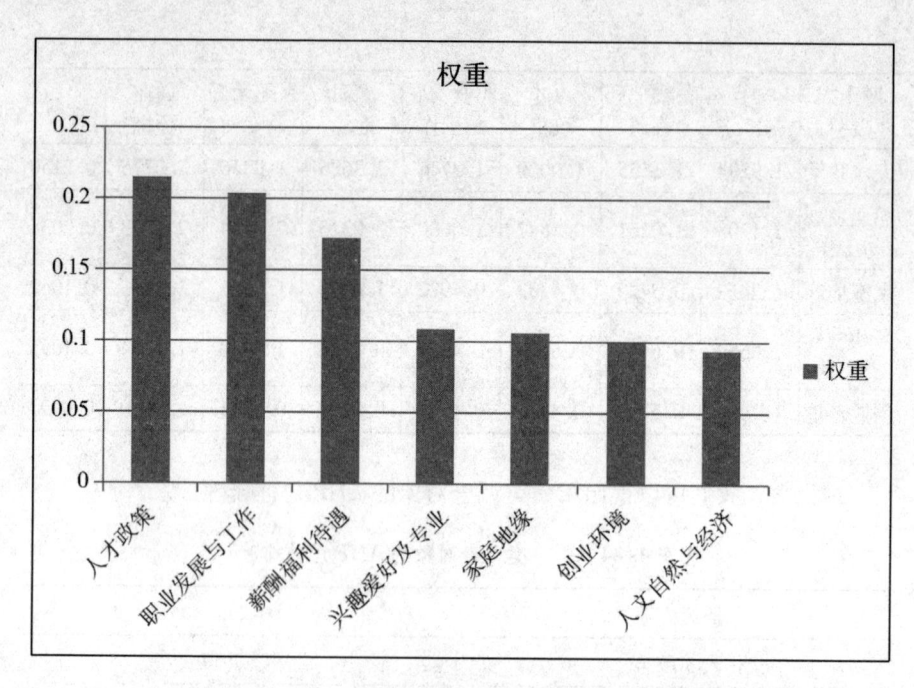

图 4-23　第一类调查对象的 AHP 总体排序柱形图

二、第二类调查对象的 AHP 分析

第二类调查对象，有效问卷 33 份，总判断矩阵一致性比例为 0.0044，符合一致性要求。

表 4-85　第二类调查对象的 AHP 总体分析表

博士人才吸引力	人文自然与经济	薪酬福利待遇	人才政策	职业发展与工作	家庭地缘	兴趣爱好及专业	创业环境	总计
人文自然与经济	1.0000	0.7467	0.4695	0.5203	1.1500	1.0193	0.7015	0.1051
薪酬福利待遇	1.3392	1.0000	0.9880	1.0533	1.7438	1.8755	1.0420	0.1721
人才政策	2.1298	1.0121	1.0000	1.3130	1.8791	1.8438	1.2465	0.1970

续表

博士人才吸引力	人文自然与经济	薪酬福利待遇	人才政策	职业发展与工作	家庭地缘	兴趣爱好及专业	创业环境	总计
职业发展与工作	1.9219	0.9494	0.7616	1.0000	1.6947	1.9725	1.2284	0.1767
家庭地缘	0.8696	0.5735	0.5322	0.5901	1.0000	0.8610	0.6258	0.0968
兴趣爱好及专业	0.9811	0.5332	0.5423	0.5070	1.1614	1.0000	0.8820	0.1048
创业环境	1.4255	0.9597	0.8022	0.8141	1.5980	1.1338	1.0000	0.1476

由上表，我们可以得出第二类调查对象的 AHP 总体排序。

表 4-86　第二类调查对象的 AHP 总体排序

备选方案	权重
人才政策	0.1970
职业发展与工作	0.1767
薪酬福利待遇	0.1721
创业环境	0.1476
人文自然与经济	0.1051
兴趣爱好及专业	0.1048
家庭地缘	0.0968

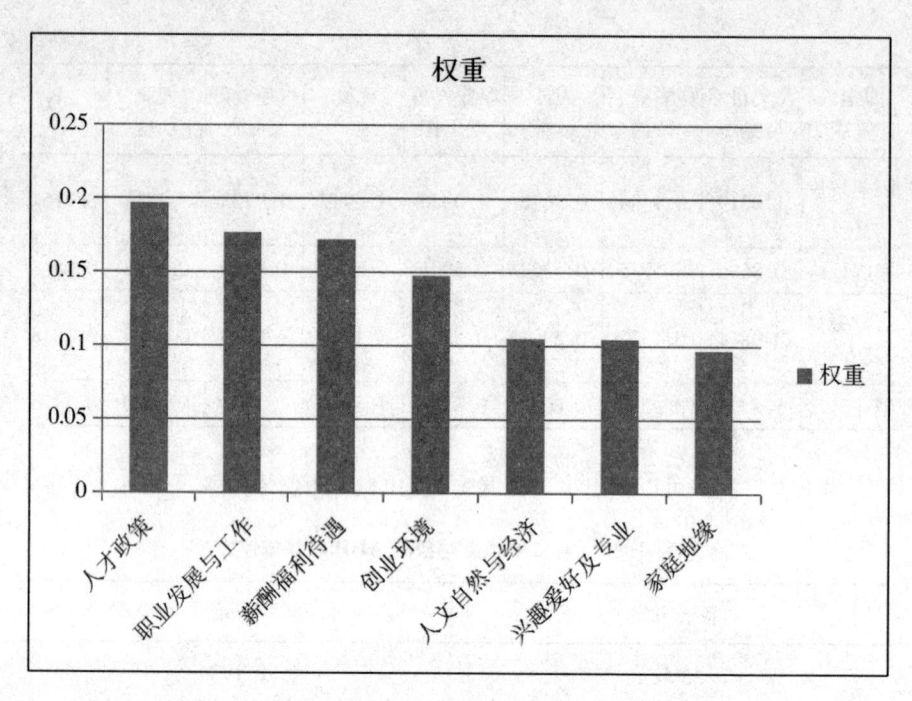

图 4-24 第二类调查对象的AHP总体排序柱形图

三、第三类调查对象的AHP分析

第三类调查对象,有效问卷358份,第三类调查对象的一致性比例为0.0037,符合一致性要求。

表 4-87 第三类调查对象的AHP总体排序

备选方案	权重
人才政策	0.2211
职业发展与工作	0.1786
薪酬福利待遇	0.1743
兴趣爱好及专业	0.11915
家庭地缘	0.11015
创业环境	0.10875
人文自然与经济	0.08795

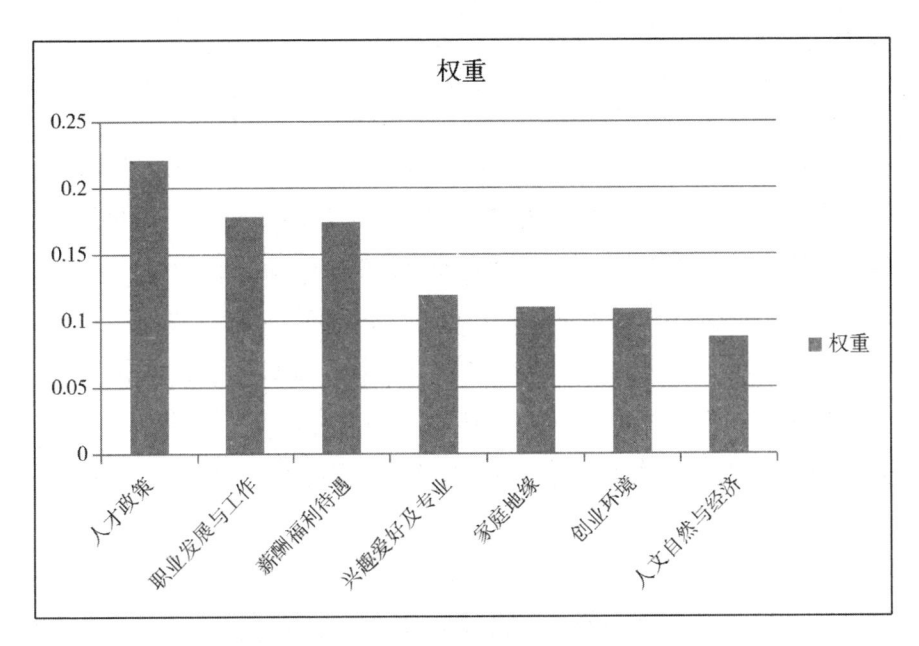

图 4-25　第三类调查对象的 AHP 总体排序柱形图

四、三类调查对象的 AHP 对比分析

根据以上数据，我们将三类调查对象的 AHP 总排序做一个对比分析图：

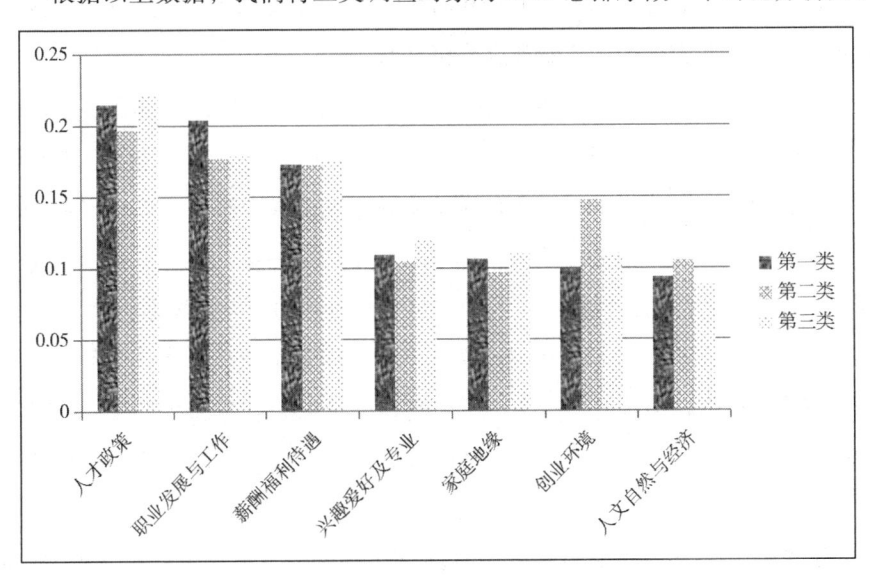

图 4-26　三类调查对象的 AHP 总体排序柱形图

通过对比，我们可以看出：

1. 第一类调查对象和第三类调查对象的排序相同。即长期在 X 市就业的博士人才和其他城市的博士人才的排序相同。也就是说，无论是哪里的博士人才，对博士人才吸引力的七个因素的重要性排序是相同的。

2. 三类对象的前三项排序都是相同的，权重相差也不大，且前三项权重都远大于后四项。说明，无论是 X 市博士人才还是其他城市博士人才，还有作为政策制定者的领导干部，都一致认为，"人才政策环境""职业生涯发展与工作性质及环境""薪酬福利待遇"这 3 个因素在所有因素中是最重要的，且重要性远大于其他因素。

3. 与第一类和第三类调查对象不同，在第二类调查对象的排序中，"创业环境"和"人文自然环境与经济发展状况"排名第四和第五，比"兴趣爱好以及专业的相符性"和"家庭地缘因素"的排序要高。说明，作为政策制定者的领导干部，认为"创业环境"和"人文自然环境与经济发展状况"这两个因素比"兴趣爱好以及专业的相符性"和"家庭地缘因素"这两个因素更重要。这与两类博士人才的观点是相反的。

4. 三类调查对象的重要性排序中，后四项的重要性权重都非常接近，差异性不强。唯独第二类调查对象，"创业环境"这一项，虽然和前三项有较大差距，但权重远高于后三项，有明显差异。这说明，作为政策制定者的领导干部，虽然认为"创业环境"不属于最重要的前三项，但是其重要性要远高于其他几项。然而，两类博士人才却认为后四项的权重差异不明显。

5. 对排序第二的"职业生涯发展与工作性质及环境"，第二类和第三类调查对象的权重较为接近，但是，第一类调查对象的权重远高于第二类和第三类调查对象。这说明，中西部中小城市的博士人才比本地领导干部和其他城市博士人才，相对认为"职业生涯发展与工作性质及环境"更为重要。

6. 前面的三类调查对象开放式问题比率排序和三类调查对象 AHP 吸引力因素排序相比较，最重要的前三项是相同的，且分值相当。而前三项分值也都远大于后四项。这说明,无论是 X 市博士人才还是 X 市领导干部甚至是其他城市博士人才,这三类调查对象都一致认为,前三项是重要性最强和关注度最高的,且都远高于后四项。

7. 前面的三类调查对象开放式问题比率排序和三类调查对象 AHP 吸引力因素排序相比较,开放式问题比率排序中,"薪酬福利待遇"排在第一;而 AHP 吸引力因素排序中,"职业生涯发展与工作性质及环境"排在第一。排序不同说明,三类调查对象都对"薪酬福利待遇"最为关心。但三类调查对象也都一致认为,重要性最强的还是"职业生涯发展与工作性质及环境"。

第七节 本章小结

本章共分为七个部分,第一部分为本研究的信度和效度分析。首先通过计算和分析,我们得出第一类调查对象和第三类调查对象衡量内在信度的 Cronbach α 系数都在 0.7 以上,属于可以接受范围。其次,通过表面效度和内容效度,对本研究进行效度分析,分析表明本研究是具有较高的效度的。

本章第二部分是研究样本的描述分析,首先介绍了研究样本的收集情况,针对第一类调查对象共计 38 人,本研究采取全部抽样,发放问卷 38 份,回收 35 份。样本问卷总体回收率 92.11%。A 类问卷有效数 35 份,B 类问卷有效数 35 份。A 类问卷有效率 100%,B 类问卷有效率 100%。针对第二类调查对象共计 39 人,发放问卷 39 份,回收 33 份,样本问卷总体回收率 84.62%。A 类问卷有效数 33 份,B 类问卷有效数 33 份。A 类问卷有效率 100%,B 类问卷有效率 100%。针对第三类调查对象本研究共计发放问卷 602 份,回收 493 份,总体回收率 81.89%。A 类问卷有效数 419 份,有效率 84.99%。B 类问卷有效数 358 份,有效率 72.62%。其次,介绍了开放式问题的分析。三类调查对象总计 322 人回答了开放式问题。根据语义内容分析法原则,我们把所有答案进行归类。归类分析后,可以整理出 10 个大类,分别是：

1. 良好的人文自然环境与经济发展状况。
2. 更高的薪酬福利待遇。
3. 完善的人才政策。
4. 优异的职业发展与工作环境。
5. 温馨的家庭地缘环境。
6. 相符的兴趣爱好与专业。
7. 优势的创业环境。
8. 其他。
9. 无效答案。
10. 未作答。

对这十类答案进行统计，统计结果在后一个小节进行统计分析。最后，我们对三类问卷进行描述性统计分析并进行比较。

本章第三部分是对数据样本的独立样本T检验。由于第二类调查对象没有满意度问题，因此，只针对第一类调查对象和第三类调查对象进行独立样本T检验。

第四部分是对数据样本的单因素方差分析。第二类调查对象没有满意度问题，因此，只针对第一类调查对象和第三类调查对象进行单因素方差分析。

第五部分是卡方检验。第二类调查对象没有显著差异，因此本研究只罗列了第一类调查对象和第三类调查对象的卡方检验。

本章的第六部分是层次分析法的统计与分析，首先对第一类调查对象、第二类调查对象和第三类调查对象分别进行了层次分析，其次将三类调查对象的分析结果进行了对比分析，最后与之前的开放式问卷的频数排序进行了对比分析。

第七部分就是本章小结。以下各表为各种检验方式的显著性分析表。

第四章 研究统计与分析

表 4-88　T 检验显著性分析表

调查对象类别	显著性类别
第一类调查对象	"专业"-"工作与专业相符情况"
第一类调查对象	"晋升间隔时间"-"和同事之间的工作关系"
第三类调查对象	"性别"-"工作量状况的感受"
第三类调查对象	"专业"-"学习和培训的状况"

表 4-89　第一类调查对象方差显著性分析表

显著性类别	分类细分
"婚姻状况"-"工作设备是否满足需要"	"已婚有子女"-"其他"
"在中西部地区中小城市工作时间"-"工作量状况的感受"	"10 年以上"-"5~10 年"
"单位性质"-"工作设备是否满足需要"	"事业单位"-"企业"
"单位性质"-"工作与专业相符情况"	"行政机关"-"事业单位" "行政机关"-"企业" "事业单位"-"企业"
"平均月收入"-"工作设备是否满足需要"	"2743~4002 元"-"5118 元及以上"
"平均月收入"-"和领导之间的工作关系"	"2743~4002 元"-"5118 元及以上"
"平均月收入"-"文娱活动状况"	"2743~4002 元"-"4003~5117 元"

表 4-90　第三类调查对象方差显著性分析表

显著性类别	分类细分
"年龄"-"学习和培训的状况"	"29 岁及以下"-"30~39 岁"
"单位性质"-"工作设备是否满足需要"	"事业单位"-"企业"
"单位性质"-"工作与专业相符情况"	"行政机关"-"企业"
"单位性质"-"和领导之间的工作关系"	"事业单位"-"企业"
"平均月收入"-"工作设备是否满足需要"	"2743~4002 元"-"5118 元及以上"
"住房状况"-"学习和培训的状况"	"福利性房"-"自购"

表 4-91 卡方显著性分析表

调查对象类别	显著性类别
第一类调查对象	"单位性质"-"平均月收入"
第一类调查对象	"单位性质"-"住房状况"
第一类调查对象	"平均月收入"-"交通工具"
第三类调查对象	"性别"-"住房状况"
第三类调查对象	"年龄"-"婚姻状况"
第三类调查对象	"专业"-"平均月收入"
第三类调查对象	"单位性质"-"平均月收入"
第三类调查对象	"单位性质"-"住房状况"
第三类调查对象	"平均月收入"-"住房状况"
第三类调查对象	"平均月收入"-"交通工具"
第一类和第三类调查对象对比	"平均月收入"-"交通工具"

第五章 结论与建议

第一节 研究结论

本研究属于探索性研究。

1. 探讨作为中西部地区中小城市的 X 市与其他城市的博士人才的基本特征。

（1）对性别分析的结果

表 5-1 性别总分析表

性别	X 市博士人才百分比	其他城市博士人才百分比
男性	71.4	64.4
女性	28.6	35.6

作为中西部地区中小城市的 X 市，博士人才中男性的比率远高于女性，在其他城市的调查中，男性的比率依然远高于女性。也就是说，博士人才中男性比率相对高于女性比率。

(2) 对年龄分析的结果

表 5-2 年龄总分析表

年龄	X 市博士人才百分比	其他城市博士人才百分比
29 岁及以下	5.7	31.3
30~39 岁	37.1	53.0
40~54 岁	54.3	15.8
55 岁及以上	2.9	0

作为中西部地区中小城市的 X 市，博士人才中"40~54 岁"占据一半以上，而其他城市"30~39 岁"占据一半以上。说明 X 市博士人才的年龄总体比其他城市要偏大，其他城市的博士人才相对更年轻。这也许可以从另外一个侧面反映出年轻博士更趋向于选择其他城市，而不是中西部地区中小城市。

(3) 对专业分析的结果

表 5-3 专业总分析表

专业	X 市博士人才百分比	其他城市博士人才百分比
社科类	42.9	43.7
理工类	57.1	56.3

两地博士人才专业的比率非常接近，理工类都占据约六成，而社科类都在四成左右。两个非常接近的结果，可以在一定程度上反映出中国（港澳台地区除外）目前博士人才专业类型的区分情况。

(4) 对婚姻及家庭情况分析的结果

表 5-4 婚姻及家庭情况总分析表

婚姻及家庭情况	X 市博士人才百分比	其他城市博士人才百分比
单身	11.4	32.5
已婚无子女	11.4	14.8

续表

婚姻及家庭情况	X市博士人才百分比	其他城市博士人才百分比
已婚有子女	71.4	49.2
其他	5.7	3.6

上表说明，已婚者都在六成以上，这应该是和博士就读时间长，博士年龄偏大有关。两地博士人才"已婚有子女"都是最多的，都占到一半及以上。但在其他城市单身者明显比作为中西部地区中小城市的X市要多，而已婚有子女者远比X市要少。这个结果，可以在一定程度上反映出其他城市可能工作压力和生存压力相对更大且思想更为开放，因而选择单身的和晚生育子女的比中西部地区中小城市要多。

（5）对在中西部地区中小城市的工作时间分析的结果

表5-5 在中西部地区中小城市的工作时间总分析表

工作时间	X市博士人才百分比	其他城市博士人才百分比
5年以下	40.0	19.8
5~10年	28.6	14.1
10年以上	31.4	13.4
从未	0	52.7

分析得出，作为中西部地区中小城市的X市有四成博士工作在5年以下，到中西部地区中小城市工作的时间较短。而其他城市有近一半人曾经在中西部地区中小城市工作过，这在一定程度上说明有更多的博士人才从中西部地区中小城市流入其他城市，中西部地区中小城市的博士人才正在逐渐流失。

（6）对单位性质分析的结果

表5-6 单位性质总分析表

单位性质	X市博士人才百分比	其他城市博士人才百分比
行政机关	11.4	3.8
事业单位	68.6	80.7

续表

单位性质	X市博士人才百分比	其他城市博士人才百分比
企业	20	15.5

博士人才绝大部分都集中在"事业单位",相对而言其他城市的比率更高。在中西部地区中小城市的博士人才相对更热衷于从事公务员工作,中西部地区中小城市和其他城市博士人才在企业上班的比率差距不明显。

(7) 对更换工作次数分析的结果

表5-7 更换工作次数总分析表

更换工作次数	X市博士人才百分比	其他城市博士人才百分比
0次	68.6	67.1
1~3次	28.6	32.5
4次及以上	2.9	0.05

两者比率非常接近,这说明博士人才绝大部分都从来没有更换过工作,这与大部分博士人才都在事业单位上班有关。事业单位属于国家编制体制内,按照民间说法,属于"旱涝保收"。而更换过工作的,绝大部分也都集中在1~3次,次数非常少。说明,在中国(港澳台地区除外)就业的博士人才工作相对比较稳定,但也说明其流动性差。这是优势还是劣势?有待进一步研究。

(8) 对平均月收入分析的结果

表5-8 平均月收入总分析表

平均月收入	X市博士人才百分比	其他城市博士人才百分比
2742元以下	8.6	1.7
2743~4002元	48.6	30.1
4003~5117元	11.4	25.1
5118元及以上	31.4	43.2

2473元是2011年全国本科生的基本起薪,4003元是2011年全国硕士研

究生的基本起薪，5118元是2011年全国博士研究生的基本起薪。

卡方检验两者具有显著性。X市博士人才能达到博士研究生的基本起薪的只有三成，而其他城市也仅有四成。在一定程度上说明中西部地区中小城市博士人才工资水平较低。

（9）对住房状况分析的结果

表5-9 住房状况总分析表

住房状况	X市博士人才百分比	其他城市博士人才百分比
福利性房	51.4	36.5
自购	37.1	46.1
租房	11.4	17.4

中西部地区中小城市X市在住房政策补贴上相对更为倾斜，其他城市的人才住房政策补贴相对较弱。之所以是用相对，是因为并不是说其他城市补助少，有可能在数量上其他城市补助更多。但是其他城市的房价相对中西部地区中小城市而言更贵，所以有可能尽管其他城市补助的资金、房源更多，但是因为总体价格高很多，所以才显得中西部地区中小城市相对补助更高。自购住房人数最多，还说明在其他城市，博士人才工资待遇相对更高，且市场经济体制也相对更为完善，毕竟福利性住房是20世纪计划经济体制的产物，在21世纪一般用于社会保障体制使用，而不是用于人才福利政策。其他城市租房的比率也相对更高，这也从另外一个侧面反映了其他城市的房价相对更高。从总体状况分析，也可以发现，学历最高的博士人才，无论在中西部地区中小城市X市还是在其他城市，有住房的都超过了80%，这也是价值的一种体现方式。

（10）对常用奖励员工方式分析的结果

对于博士人才来说，中西部地区中小城市X市和其他城市最常用的方式都是用"奖金福利"奖励员工和用"表彰"方式奖励员工，其他方式使用较少。其他城市的"休假"和"升职"都低于10%，甚至低于中西部地区中小城市X市。这大大超出了研究者的意料。我们认为，这是由于在其他城市，生活压力更大，市场经济发展更成熟，博士人才不得不增加压力，主动或被动地减少休假。升职不高说明无论在中西部地区中小城市还是其他城市，都不是以学历作为升职的主要依据，但也说明博士人才的社会工作能力有待进一步提高。

所有被调查的博士人才，用"持股"奖励的，都是非常少的。说明博士人才创业和进入公司高层的，相对而言并不多。

（11）对交通工具分析的结果

表5-10 交通工具总分析表

交通工具	X市博士人才百分比	其他城市博士人才百分比
汽车	28.6	38.9
摩托车	8.6	7.9
公共汽车	22.9	23.6
自行车	11.4	8.1
步行	28.6	21.5

通过卡方检验发现差异有显著性。其他城市的博士人才的汽车占有率要高于中西部地区中小城市10个百分点左右，这与其他城市的工资相对高于中西部地区中小城市X市有关。其他方式基本相当，说明在其他方式上，两地相差不大。作为机动车辆的摩托车（电动车）在其他城市甚至低于中西部地区中小城市，和大城市的交通规则"禁摩（摩托车）""禁电（电动车）"有关。

（12）对职务、职称晋升情况分析的结果

表5-11 晋升时间总分析表

晋升时间	X市博士人才百分比	其他城市博士人才百分比
1~2年	5.7	12.9
2~3年	2.9	26.7
3~4年	22.9	25.8
5年及以上	68.6	34.1

中西部地区中小城市 X 市博士人才近 70% 的晋升时间是 "5 年及以上"，而其他城市虽然这项也是最多的，但仅有不足 35%。说明其他城市的博士人才晋升机制远比中西部地区中小城市更加灵活和快捷，这也是更多的博士人才流出中西部地区中小城市的原因之一。晋升机制的不科学和不灵活一直是中西部地区中小城市的软肋。

（13）对中西部地区中小城市的反映和期待状况分析的结果

X 市博士人才认为 "什么优势都不具备" 的有 17.1%，而其他城市博士人才有 26.5%。本选项答案较为极端，会选取本项答案的，说明对整体状况极端不满意，流失的概率较大。其他城市的博士人才有近三成选择此极端选项，比率之高，出乎笔者之前预期。研究发现，连作为政策制定者的政府机关工作人员都有 90% 左右对人才政策不满意，这个结果再次出乎笔者意料。这再次从一个方面验证，虽然现在有大量的中西部地区中小城市在大力宣传城市品牌，吸引人才，但是自身软、硬件的缺乏，造成其他城市的博士人才仍有较多对其持有极端印象，对其极度不满意，并且甚至连作为政策制定者的领导干部都不甚满意。因而吸引人才的力度将大大降低。也说明，好的环境，光靠宣传是不够的，必须真实有效，且落到实处。

（14）对开放式问题 "中西部地区中小城市应该如何吸引博士人才" 分析的结果

两地博士人才对于 "中西部地区中小城市应该如何吸引博士人才" 前三项答案的比率排序是相同的，且都远大于其他答案。说明，博士人才最关心的都是 "薪酬福利待遇" "人才政策" 和 "职业生涯发展与工作性质及环境"，并且关心程度都远大于其他项。

博士人才的排序都非常接近，只有其他城市博士的 "兴趣爱好以及专业的相符性" 高于 "家庭地缘因素"。说明，与 X 市博士人才不同的是，其他城市博士人才对 "兴趣爱好以及专业的相符性" 的关注度高于 "家庭地缘因素"。

在其他答案中，还有很多人提出了一些具有建设性的意见和建议，其实用性和有效性有待进一步考证。

表 5-12 卡方显著性表

调查对象类别	显著性类别
第一类调查对象	"单位性质"-"平均月收入"
第一类调查对象	"单位性质"-"住房状况"
第一类调查对象	"平均月收入"-"交通工具"
第三类调查对象	"性别"-"住房状况"
第三类调查对象	"年龄"-"婚姻状况"
第三类调查对象	"专业"-"平均月收入"
第三类调查对象	"单位性质"-"平均月收入"
第三类调查对象	"单位性质"-"住房状况"
第三类调查对象	"平均月收入"-"住房状况"
第三类调查对象	"平均月收入"-"交通工具"
第一类和第三类调查对象对比	"平均月收入"-"交通工具"

通过检验分析，还可以得出如下结论：

（15）中西部地区中小城市 X 市的博士人才，不同单位性质在平均月收入上存在显著差异。事业单位的工资水平在"2743~4002元"的比率，远高于其他两类单位。而行政单位没有工资在"5118元及以上"的，企业没有工资在"4003元以下"的。

（16）中西部地区中小城市 X 市的博士人才，不同单位性质在住房状况上存在显著差异。事业单位福利性房的比率远高于其他两类单位，而行政机关没有福利性房，企业没有租房的，说明中央政府一直持续监管的"国家机关不得私建福利性住房"的政策在中西部地区中小城市有一定效果。

（17）其他城市的博士人才，不同性质的单位在平均月收入上存在显著差异。行政机关的各级工资比率相差不明显，但相比中西部地区中小城市 X 市的行政机关，其他城市的博士人才已经有人工资在"5118元及以上"了，并且这项比率是最高的。其他城市事业单位除"2742元及以下"外，其他各级收入水平比率相差不大。企业单位工资基本都在"5118元及以上"。

(18) 其他城市的博士人才，不同单位性质在住房状况上存在显著差异，行政机关集中在福利性房和自购，而中西部地区中小城市 X 市行政机关的博士人才集中在自购和租房。其他城市事业单位福利性房和自购比率相当，而中西部地区中小城市 X 市集中在福利性房。其他城市企业集中在自购和租房，而中西部地区中小城市 X 市在企业的博士人才，没有租房者。

(19) 中西部地区中小城市 X 市的博士人才近一半的人，平均月收入在 2743~4002 元，也就是在本科生工资水平，能达到博士工资水平的仅为 31.4%。其他城市博士人才近一半人平均月工资达到博士水平，本科工资水平以下的几乎没有。但仍然有很多调查对象的月平均工资在本科和硕士水平，说明现在的就业形势很不乐观，这也是越来越多的博士会选择考公务员和进入事业单位的原因之一，这个结果基本符合社会现实情况。

2. 探讨作为中西部地区中小城市的 X 市与其他城市博士人才工作状况（满意度）之特点

表 5-13 满意度总分析表

	X 市的博士人才	其他城市博士人才
工作设备状况	×	×
工作与专业相符情况	√	√
工作感受	√	×
与同事关系	√	√
与领导关系	×	×
文娱活动	×	×
学习培训状况	×	√

(1) 中西部地区中小城市 X 市的博士人才，对"工作设备状况""与领导关系""文娱活动""学习培训状况"这 4 个选项的内容不满意。对"工作与专业相符情况""工作感受""与同事关系"满意。对"工作感受"最满意，对"文娱活动"最不满意。

(2) 其他城市的博士人才，对"工作设备状况""与领导关系""文娱活动""工作感受"这4个选项的内容不满意。对"学习培训状况""工作与专业相符情况""与同事关系"满意。对"与同事关系"最满意，对"工作感受"最不满意。

（3）所有被调查的博士人才都对自己现在所在单位提供的设备表示不满意，认为其不能满足日常工作的需要。但是，其他城市满意度要相对较高一点，但差距不明显。

（4）所有被调查的博士人才都认为其现在的工作与其所学的专业相符性一般。两类调查对象的满意度非常接近，几乎没有差别。

（5）X市的博士人才的工作量并不很大，工作相对要更加轻松和休闲。其他城市的博士人才的工作量较大，工作相对更加繁忙和辛苦。两者的感受差异性非常强。这符合城市间的实际状况——中西部地区中小城市的生活和工作压力相对较小，工作量相对较少，博士人才感到较为轻松和休闲，而其他城市的生活和工作压力较大，博士人才感到更为繁忙和辛苦。

（6）两地博士人才都对与同事之间的工作关系感觉一般，向满意的偏向性不强。其他城市博士人才相对而言更加满意一点，但两类调查对象的差距不明显。

（7）两地博士人才都对与领导之间的工作关系感觉不满意，X市相对更倾向于不满意，而其他城市的博士更倾向于一般。两者差距不明显。

（8）两地博士人才对于单位平时组织的文体娱乐活动的状况都不满意，但X市满意度相对更低。两者差距不明显。

（9）对于现工作单位提供的学习和培训的状况，X市博士人才表示不满意，而其他城市博士人才表示一般。两者差距较为明显。这也符合城市间的实际状况——中西部地区中小城市的工作状况更为封闭和保守，学习和培训机会相对较少，而其他城市的工作状况更为开放和注重实操，学习和培训机会相对较多。

表 5-14 T 检验显著性表

调查对象类别	显著性类别
第一类调查对象	"专业"-"工作与专业相符情况"
第一类调查对象	"晋升间隔时间"-"和同事之间的工作关系"
第三类调查对象	"性别"-"工作量状况的感受"
第三类调查对象	"专业"-"学习和培训的状况"

（10）作为中西部地区中小城市的 X 市，晋升间隔时间在 3~4 年的博士人才，对和同事之间的关系感到更不满意，而晋升间隔时间在 5 年及以上的，反而相对感觉一般。原因是晋升间隔时间长达 5 年及以上，说明晋升有一定困难和压力，存在瓶颈。这与单位状况有关，也和个人性格因素有关，是多方面原因造成的，这就使得同事之间的竞争反而也就相对没那么激烈。而间隔时间 3~4 年，相对更短，说明晋升更为频繁，也是多方面原因造成的，这也使得同事之间的竞争相对更加激烈。而"与领导关系"却没有这个显著性，同样是这个原因。

（11）其他城市的博士人才不同性别在现单位给予的工作量状况的满意度感受上显著不同。男性选取"不满意"的比率远高于女性；选取"满意"的比率，远低于女性。X 市博士人才没有这个显著性。原因是中西部地区中小城市的总体工作压力相对较小，男女皆可从事相关工作，差异感受不明显。而其他城市，工作压力相对较大，工作种类差异较大，工作单位相对更愿意聘用男性，以应对相对压力大的工作，而不是女性，因此工作感受差异相对更为明显。

（12）不同专业，其他城市的博士人才对于"工作与专业相符情况"存在显著性，但显著性不强。而中西部地区中小城市 X 市的博士人才对"学习和培训状况"存在显著性，显著性也不强。对于"工作与专业相符情况"，其他城市博士人才流动性相对更强，因此都感觉一般；而中西部地区中小城市博士人才工作较为固定，流动性弱，且理工类专业性较强，找工作针对性较强，因此感觉一般，社科类专业性较差，找工作针对性较弱，加之中西部地区中小城市人才流动性差，因此，对专业的相符性相对感觉不满意。其他城市的博士人才对"学习和培训状况"存在显著性，是由于研究限制或者抽样方法或者其他因素。

表5-15 第一类调查对象方差显著性表

显著性类别	分类细分
"婚姻状况"-"工作设备是否满足需要"	"已婚有子女"-"其他"
"在中西部地区中小城市工作时间"-"工作量状况的感受"	"10年以上"-"5~10年"
"单位性质"-"工作设备是否满足需要"	"事业单位"-"企业"
"单位性质"-"工作与专业相符情况"	"行政机关"-"事业单位" "行政机关"-"企业" "事业单位"-"企业"
"平均月收入"-"工作设备是否满足需要"	"2743~4002元"-"5118元及以上"
"平均月收入"-"和领导之间的工作关系"	"2743~4002元"-"5118元及以上"
"平均月收入"-"文娱活动状况"	"2743~4002元"-"4003~5117元"

表5-16 第三类调查对象方差显著性表

显著性类别	分类细分
"年龄"-"学习和培训的状况"	"29岁及以下"-"30~39岁"
"单位性质"-"工作设备是否满足需要"	"事业单位"-"企业"
"单位性质"-"工作与专业相符情况"	"行政机关"-"企业"
"单位性质"-"和领导之间的工作关系"	"事业单位"-"企业"
"平均月收入"-"工作设备是否满足需要"	"2743~4002元"-"5118元及以上"
"住房状况"-"学习和培训的状况"	"福利性房"-"自购"

(13) X市博士人才在中西部地区中小城市工作时间越长，对于单位给予的工作量状况越不满意。

(14) X市和其他城市的博士人才，在事业单位的，对工作设备更不满意，在企业的感觉一般。原因是事业单位属于政府拨款单位，政府财政主要设备支出集中在行政机关，所以在事业单位的设备支出相对较少。而企业是自收自支单位，其主要收入来源于企业盈利，所以企业对工作人员的设备更为重视。

（15）X市和其他城市的博士人才，在行政机关工作的，工作与专业很不相符，而在事业单位一般，在企业的工作与专业的相符性较高。原因可能是行政机关相对更为封闭，岗位的流动性较差，岗位的划分也相对更不科学，行政命令相对较为强硬，这就造成了博士人才在行政机关学无所用。而事业单位虽然也是行政管理，但其管理相对于行政机关来说，更为宽松，因此，在事业单位的博士人才专业和工作的相符性相对更高。企业主要收入来源于盈利，招收人才的根本在于最大范围地使用，因此，在企业，博士人才可以充分发挥其专业优势，达到学以致用。

（16）X市的博士人才月收入在"5118元及以上"的，可以达到全国平均博士起薪及以上，在中西部地区中小城市相对较高，说明领导对其更加尊重，因此推断其与领导关系更为融洽。而月收入仅在"2743~4002元"的博士人才，其工资仅为全国本科水平，说明领导对其不够重视，漠视博士人才，因此推断其与领导关系更为冷淡。

（17）在X市，月收入在"2743~4002元"的博士人才对单位的文体娱乐活动在"不满意"附近，而月收入在"4003~5117元"的博士人才对单位的文体娱乐活动在"满意"附近。两者有显著差异。原因是其他两个工资段，即月收入在"2742元及以下"和"5118元及以上"的，是两个极端，一个极低，一个极高，受收入水平的影响，其对文娱活动的重视和敏感度要相对更低，相对更不关心单位文娱活动的情况，所以才凸显出另外两个工资段的显著差异。

（18）在其他城市，年龄在"29岁及以下"的博士人才对单位的学习培训状况趋向于一般和满意之间，而"30~39岁"的博士人才对单位的学习培训状况趋向于一般。两者差异较显著。而在X市，则差异都不显著。中西部地区中小城市单位工作状况较为封闭和保守，因此学习和培训相对较少。但由于博士人才工作集中在行政和事业单位，较为固定，因此 X 市博士人才差异不显著。而其他城市的单位工作状况更加开放和注重实操，在行政事业单位以外工作的人群也相对更多，更换工作的次数也更为频繁，因此，两类人群的感受不同。且博士毕业年纪已经较大，29 岁及以下说明工作时间非常短，刚到工作单位，新鲜感较强，因此对"学习和培训状况"更为不重视，而 30~39 岁博士人才已经工作较长一段时间，对工作现状比较了解，且有一定的憧憬，希望有一番作为，因此比较关注"学习和培训状况"，也相对更不容易满意。而 40~54 岁的博士人才由于已步入中年，工作性质较为稳定，关注点同样也不在"学习和培训状况"上。

（19）对于"工作与专业相符情况"的满意度，两地"行政单位"和"企业"博士人才都具有显著性。X 市博士人才在"事业单位"和"企业"，"事业单位"和"行政单位"两组存在显著性，而在其他城市没有。原因是其他城市相对更为开放和自由，人才流动性更强。

（20）对于"与领导关系"的满意度，其他城市博士人才"事业单位"和"企业"有显著性，而 X 市没有。原因是中西部地区中小城市相对更加封闭和保守，"事业单位"和"企业"的领导相对都更加保守，一致性强。而其他城市，自负盈亏的"企业"，为了企业生存，企业领导自然更加重视博士人才，而由政府负担的事业单位，对博士人才重视的敏感性更差。

（21）对于"工作设备状况"的满意度，两地博士人才都在"2743~4002元"和"5118元及以上"有显著性。笔者认为原因基本相同，不再复述。

（22）对于"文娱活动"的满意度，其他城市博士人才没有显著差异。X 市博士人才在"2743~4002 元"和"4003~5117 元"有显著性。原因是 a. 其他城市的文体娱乐活动普遍多于中西部地区中小城市，各个单位都有较为丰富的文体娱乐活动，之间差距不大。b. 其他城市的市场经济体制更为完善，城市更为发达。博士人才更关注于市场经济活动和其他方面，对单位的文娱活动的关注度更不敏感。

（23）对于"学习培训状况"的满意度，其他城市博士人才在"福利性房"和"自购"这两种情况下有显著性,而 X 市没有。原因是中西部地区中小城市相对封闭,学习培训普遍不多。而其他城市,拥有"福利性房"的博士人才工作相对集中在行政机关和事业单位,组织学习培训相对较多,且在中国大陆,行政事业单位组织学习培训活动所花费的费用也更多,也更为舍得,且具有一定的政治性。自购住房的博士人才较为分散,各行各业都有,和行政事业单位相比,学习培训活动相对更单薄。

3. 用多重检验的方法,从三个不同的角度,探讨中西部地区中小城市能够吸引博士人才之关键因素及其排序。

表 5-17 三类调查对象 AHP 总分析表

备选方案	X 市博士权重	X 市领导权重	其他城市博士权重
人才政策	0.2150	0.1970	0.2211
职业发展与工作	0.2038	0.1767	0.1786
薪酬福利待遇	0.1725	0.1721	0.1743
兴趣爱好及专业	0.1091	0.1048	0.11915
家庭地缘	0.1062	0.0968	0.11015
创业环境	0.0994	0.1476	0.10875
人文自然与经济	0.0939	0.1051	0.08795

(1)长期在 X 市就业的博士人才和其他城市的博士人才对吸引力因素的排序相同。一定程度上可以说明:无论是哪里的博士人才,对博士人才吸引力的影响因素的重要性排序是相同的。

(2)三类调查对象的前三项排序都是相同的,权重相差也不大,且前三项权重都远大于后四项。一定程度上可以说明:无论是中西部地区中小城市的博士人才还是其他城市的博士人才,还有作为政策制定者的领导干部,都一致认为,"人才政策环境""职业生涯发展与工作性质及环境""薪酬福利待遇"这 3 个因素在所有因素中是最重要的,且重要性远大于其他因素。

(3)与 X 市和其他城市的博士人才不同,在作为政策制定者的领导干部的排序中,"创业环境"和"人文自然环境与经济发展状况"排名第四和第五，比"兴趣爱好以及专业的相符性"和"家庭地缘因素"的排序要高。一定程度上可以说明：作为政策制定者的领导干部，认为"创业环境"和"人文自然环境与经济发展状况"这两个因素比"兴趣爱好以及专业的相符性"和"家庭地缘因素"这两个因素更重要。这与两地博士人才的观点是相反的。

（4）三类调查对象重要性排序中，后四项的重要性权重都非常接近，差异性不强。唯独作为政策制定者的领导干部的"创业环境"这一项，虽然和前三项有较大差距，但权重远高于后三项，有明显差异。这在一定程度上可以说明：作为政策制定者的领导干部，虽然认为"创业环境"不属于最重要的前三项，但是其重要性要远高于其他几项。然而，两地博士人才却认为后四项的权重较为相同，差异不明显。

（5）排序第二的"职业生涯发展与工作性质及环境"，领导干部和其他城市的博士人才的权重较为接近，但X市博士人才的权重远高于他们。一定程度上可以说明：中西部地区中小城市的博士人才比领导干部和其他城市博士人才，相对认为"职业生涯发展与工作性质及环境"更为重要。

（6）前面的三类调查对象开放式问题比率排序和三类调查对象AHP吸引力因素排序相比较，最重要的前三项是相同的，且分值相当，并且前三项分值也都远大于后四项。一定程度上可以说明：两地博士人才和领导都一致认为，前三项是重要性最强和关注度最高的，且都远高于后四项。

（7）前面的三类调查对象开放式问题比率排序和三类调查对象AHP吸引力因素排序相比较，开放式问题比率排序中，"薪酬福利待遇"排在第一，而AHP吸引力因素排序中，"人才政策环境"排在第一。第一名的排序不同，一定程度上可以说明：三类调查对象都对"薪酬福利待遇"最为关心。但三类调查对象也都一致认为，重要性最强的还是"人才政策环境"。

根据研究之目的，通过对"探讨作为中西部地区中小城市的X市与其他城市博士人才的基本特征"这个问题的探索性研究，我们研究发现19个结果。

根据研究之目的,通过对"探讨作为中西部地区中小城市的 X 市与其他城市博士人才工作状况(满意度)之特点"这个问题的探索性研究,我们研究发现 23 个结果。

根据研究之目的,通过对"用多重检验的方法,从三个不同的角度,探讨中西部地区中小城市能够吸引博士人才的关键因素及其排序"这个问题的探索性研究,我们研究发现 7 个结果。

通过系统的探索性分析和研究,针对欲解答问题,我们共计研究发现 49 个研究结果,达到了本研究之研究目的。

第二节 解决问题的建议

1. 针对男性博士相对比率高于女性博士,中西部地区中小城市在软硬件资源弱于其他城市,应集中有限资源的情况下,在制定政策时,应优先根据男性特点有针对性地进行设置。

2. 博士人才由于年龄相对偏大,学历较高,个人问题(婚姻)较为突出,尤其是女性博士(已有博士人才在调查中提出此问题)。中西部地区中小城市应针对此情况,设置对策,以便吸引,也更易于留住年纪相对偏大的这些博士人才。

3. 博士人才年龄相对偏大,很多已有配偶及子女。中西部地区中小城市应重点考虑其住房、配偶工作和子女就学问题。

4. 针对博士人才在事业单位较为集中之特点,中西部地区中小城市应扩大博士可就业范围,尤其是事业单位,不能仅限于高校和研究所。其他事业性单位也应成为博士人才可以选择之范围,这点应和其他城市学习。

5. 根据绝大部分(近七成)博士人才都从未更换过工作之特点,中西部地区中小城市应依据"首印效应",关注招聘过程和宣传力度,争取在其首次就业时就牢牢抓住和吸引博士人才前往。

6. 收入相对偏低，始终是中西部地区中小城市的软肋，必须得到纠正，要坚信"经济收入是判断一个人工作价值最直接的方式"。

7. 中国传统观念认为"安居，才能乐业"，在全国统一规划建设"经济适用房"的同时，增加"人才住房"建设。

8. 从奖励方式、工作性质和 AHP 分析等多重分析中，我们都可以看出，其实博士人才中，创业者并不是绝大部分，就业者才是绝大部分。而现在中西部地区中小城市最大的误区就是，不断鼓励博士人才前来创业，而对前来就业者则闻少问少。这反映出中西部地区中小城市在吸引博士人才的同时，主要还是想吸引投资。试想，在一个博士人才都无法就业的政策环境下，如何会有博士或者其他人愿意前来投资。投资，需要的是软硬件兼备。这是一个非常简单的道理，可惜，明白的人并不多。如果中西部地区中小城市真心希望吸引博士人才，就应该从为其前来就业提供帮助开始。

9. 其他城市的博士人才晋升机制远比中西部地区中小城市更加灵活和快捷，这也是更多的博士人才流出中西部地区中小城市的原因之一。晋升机制的不科学和不灵活一直是中西部地区中小城市的软肋，今后的工作应着力克服。

10. 较多博士人才对中西部地区中小城市持有极端恶劣印象。如某中西部地区中小城市曾大作宣传，经笔试、面试招聘一批博士人才从事"县处级"领导干部职务。所有博士人才招来之后，一年多不安排工作，也不发放工资，完全不闻不问，导致这批博士集体"上访"。这给中西部地区中小城市的政策宣传带来了极其负面的影响。好的政策环境，光靠宣传是不够的，必须真实有效，且落到实处。

11. 博士人才由于学历相对较高，其对文化娱乐的需求相对更多。中西部地区中小城市应适度增加"文体娱乐活动"，丰富博士人才的业余生活。

12. 中西部地区中小城市在资金有限的情况下，仍应适当提高对博士人才工作设备的投入，鼓励培训和学习，奖励科研和学术。

13. 组织上应更加关怀和照顾博士人才，尤其是中西部地区中小城市之领导干部，在处理与博士人才的关系时，不应持有"官本位"之思想，以减少博士人才对单位和领导之不满情绪。

14. 中西部地区中小城市工作的流动性较差，给予博士人才的工作也比其他城市更少。博士人才如果对原单位或工作不满意，或者感觉专业和工作不相符，往往只能流出中西部地区中小城市。如果增强中西部地区中小城市工作的流动性，增加更多适合博士人才的工作岗位，合理设置工作内容，那么即使博士人才需要流动，也可以优先考虑本区域内的单位和工作。

15. 博士人才由于读书时间较长，学历偏高，与其他人相比，和社会接触更少，因此更加敏感。中西部地区中小城市应从单位上（组织上）更加关注博士人才，在条件允许的状况下，以城市为单位设立统一的管理和帮助机构，从生活上、工作上、心理上，帮助博士人才，用"感情留人"，也可以适度减少博士人才可能出现的"心理问题"。

16. 相对于其他城市，中西部地区中小城市在资源有限的情况下，应优先把"人才政策环境""职业生涯发展与工作性质及环境"和"薪酬福利待遇"这3个因素作为主要的吸引博士人才的考虑因素。

17. 通过"乡友组织"，大打"感情牌"，吸引本地籍贯博士人才回乡工作和创业。

18. 通过分析，本研究发现，较多中西部地区中小城市居然没有专门的"留学人才政策"。而其他城市，尤其是沿海发达地区的大城市，往往会制定专门的"留学人才政策"，以吸引留学人才前往。而中西部地区中小城市往往忽略了这一块，这大大损伤了很多愿意回到家乡，愿意来到中西部地区中小城市工作、创业的留学博士前往的积极性，这是严重的观念问题。固有的陈旧观念不摒弃，是无法真正吸引人才的。

第三节　研究贡献

一、创新性

1. 国内可查阅（知网、万方）的学术论文中，关于"博士人才吸引力之影响因素"的专门性论文极为罕见，学位论文更是凤毛麟角。尤其是"逆流而上"的，探讨最困难的"中西部地区中小城市博士人才吸引力"之相关论文，在可查阅（知网、万方）的学术论文中，几乎是空白。本研究首次以博士论文的形式，以"博士人才吸引力"为主要研究内容，探索性地研究和探讨了其影响因素，详细分析了中西部地区中小城市博士人才吸引力之相关特性。从学术上，也从理论上，丰富和完善了相关研究，一定程度上填补了国内研究之空白。

2. 较少有学者从"更换工作次数"角度，专门研究博士人才之特性，本研究通过分析两地博士人才"更换工作次数"，研究得出，博士人才有近七成从未更换过工作，如此低的工作流动性，对于市场经济条件下的人才流动是优势，还是劣势，有待进一步的相关研究。

3. 本研究创新地通过对两地博士人才"与同事关系"和"与领导关系"的研究，在一定程度上，发现博士人才对与同事之间的工作关系，感觉一般，向满意的偏向性不强；对与领导之间的工作关系，感觉不满意。这个发现说明：相对而言，博士人才更为敏感，在人际交往中处于弱势，交际能力普遍偏低。如何帮助博士人才提高交际能力和社会生存能力，有待进一步研究。

4. 本研究创新地通过排序的交叉对比分析，指出作为政策制定者的领导干部错误地认为"创业环境"和"人文自然环境与经济发展状况"这两个因素比"兴趣爱好以及专业的相符性"和"家庭地缘因素"这两个因素更重要。这与博士人才的观点是相反的。

5. 本研究首次发现，除中西部地区中小城市和其他城市的博士人才外，连绝大部分作为政策制定者的领导干部都对其制定的人才政策感到不甚满意。这个结果是令人震撼的。

6. 虽然从来没有工作经验的博士和博士生集中在高校，相对更好调查，但本研究为了研究的真实性和有效性，也为了本研究更为科学，因此，不得不增加调查和研究之难度，创新地只选取了非常分散和难取得的有工作或工作经验的博士和博士生作为本研究之调查对象。良苦用心，盼读者明了。

二、可推广性

1. 本研究在国内，首次采用多重检验的方法，从三个角度（中西部地区中小城市的博士人才、作为政策制定者的领导干部、其他城市的博士人才，尤其是"领导干部"这块，是"博士人才"研究中很少有学者开垦的"处女地"）出发，分别探讨中西部地区中小城市如何才能吸引博士人才，探索性地研究和分析了三者的共性和特性，并进行了相关的对比分析。在一定程度上，为中西部地区中小城市吸引博士人才厘清了思路，指明了方向，具有较强的实践意义和指导意义。

2. 本研究采用层次分析法（AHP）与其他研究方法相结合的混合研究方法，专门针对"博士人才吸引力"，展开分析和研究，找出了博士人才吸引力之影响因素及其排序，并对其进行了细致的分析。在一定程度上，为今后的"博士人才吸引力"相关研究指出了新的方向。

3. 在没有完整样本框的现实情况下，针对目前国内博士人才研究中抽样方法不清晰的状况，本研究提出了采用"滚雪球抽样法"对博士人才进行非概率抽样，并详细分析和指出了其在理论上和实践上的优势和劣势。在一定程度上为国内博士人才研究指出了另一条途径，丰富了相关理论，对实际研究具有指导意义。

4. 本研究创新地提出了中西部地区中小城市"独辟蹊径"地用解决博士个人（婚姻）问题这一"感情牌"，吸引博士人才前往的方法。这也是本研究调查中，众多年龄相对偏大的博士人才们的"心声"。这在其他研究中，较为罕见。

5. 本研究从奖励方式、工作性质和 AHP 分析等多重分析中，得出：其实博士人才中，创业者并不是绝大部分，就业者才是绝大部分；指出中西部地区中小城市错误地把精力放在不断鼓励博士人才前来创业上，而对前来就业者则闻少问少，严重降低了其博士人才之吸引力。而在其他学者的相关研究中，很少从创业和就业两个不同的角度进行分析和对比。

6. 本研究分析发现，国内较少有学者，针对较多中西部地区中小城市没有专门的"留学人才政策"这一问题提出过质疑。而其他城市，尤其是沿海发达地区的大城市，往往会设置专门的"留学人才政策"，以吸引留学人才前往。而中西部地区中小城市往往忽略了这一块。这大大降低了很多愿意回到家乡，愿意来到中西部地区中小城市工作、创业的留学博士的前往的积极性。本研究结果具有一定的推广性。

7. 本研究在整个研究设计中，详细考虑了研究的研究伦理，并且将研究伦理贯穿在整个研究过程当中。本研究设计及研究过程始终把调查对象的利益放在首位，严格保护调查对象的隐私性及其他利益，甚至为此不惜牺牲了论文的部分研究内容，并大大增加开支。但笔者认为，这一切都是必需的，也是值得的。作为一个有道德的科学研究，应该把研究伦理放在首位，并且贯穿于整个研究当中，当研究伦理和研究内容产生矛盾的时候，在不可调和的情况下，研究者应该优先考虑研究伦理，而牺牲研究内容。这是有道德之科学研究之基础，也是一个研究者的个人研究准则。

第四节　研究限制与后续研究建议

一、研究限制

本研究之研究者花费全部精力，尽力完善本研究，但由于自身能力和各种人力、物力、财力等相关客观资源和条件之限制，仍然有一些不足和遗憾，主要表现如下（以下内容并不代表全部之限制和遗憾，仅是主要表现。未尽事由，敬请谅解）：

1. 从研究内容上看，本研究受人力、资金等相关资源和个人因素及能力等方面原因限制，仅以作为中西部地区中小城市的 X 市一个城市为例，结合作为政策制定者的中西部地区中小城市领导干部和其他城市的博士人才，对中西部地区中小城市的博士人才吸引力进行研究，其代表性具有一定的制约，推广性具有一定的限制。

2. 从抽样方法上看，本研究对三类调查对象，前两类采取的都是全部抽样。但针对其他城市的博士人才，由于到目前为止，中国并没有任何有效和权威的部门发布过目前在中国的博士和博士生的总量，因此本研究之第三类调查对象——其他城市的博士人才，并没有完整的、可描述的样本框，针对其，本研究采取的是"滚雪球抽样法"。这一方法优点是在完全没有，也无法估计"样本框"的情况下，获取了大量可使用的数据资源，为研究提供了数据依据。其限制就是"滚雪球抽样法"属于非概率抽样的一种，其代表性具有一定的制约。

3. 从研究对象上看，本研究针对其他城市的博士人才，有三个限制条件：（1）博士或博士生；（2）有工作或工作经验；（3）中国籍（港澳台地区除外）。之所以选取有工作或工作经验出发点是，虽然没有工作或工作经验的博士和博士生相对更为集中（集中在高校、研究机构等），研究资料也就相对更容易获取，但是没有工作或工作经验的博士和博士生对于现实工作状态的理解、对于现实生存环境和生活环境的理解与现实状况有一定差距，对问题的理解也更为主观、感性和理想化，也就相对更难达到"长期"的要求。而虽然有工作或工作经验的博士和博士生更为分散，研究资料也更难取得，但是，有工作或工作经验的博士和博士生对于现实状况的理解差距相对更小，对问题的理解相对也更为客观和理性，研究所得也就更为科学。为了研究的科学性，本研究依然选择了有工作或工作经验的博士和博士生作为我们的研究对象。之所以选择将港澳台地区除外，原因是中国港澳台地区的城市发展状况远强于中西部地区中小城市，甚至比很多沿海发达地区要好，其生存环境和福利待遇等诸多影响因素和中西部地区中小城市的状况不属于同一个层次，不具备可比性，其对比对象是中国沿海发达地区。作为博士或博士生的港澳台同胞，前往中西部地区中小城市长期就业的概率是相对较低的。一般各地对于港澳台同胞主要采用短期"柔性"引进的方式。这三个限制条件是有利于本研究的，同时，也有一定的"副作用"，那就是样本代表性的问题，此样本无法代表限制条件之外的博士人才。

4. 从问卷设置上看，本研究问卷之AHP问题之设置仅为单层，而问卷已有7页之多，如果增加一层，问卷可能将达到20多页。考虑到本研究获取样本量较多，且在实际操作中，调查对象都不愿意填写页数过多的大问卷，尤其是20多页的问卷很少有人愿意填写，如果强行要求其填写，可能导致调查对象恶意胡乱填写，因此本研究问卷之AHP问题之设置仅为单层。事前没有充分考虑到领导干部的文化水平参差不齐，对问卷部分内容可能不甚了解的情况，导致在填答时，研究者需要花费大量时间针对领导干部进行说明和解释工作，影响了问卷回收之进度。且在问卷设计中，出于研究伦理的考虑，本研究删除和修改了部分问题，降低了问卷的敏感度，以保护隐私，从而也牺牲了部分研究内容。

5. 从研究方法上看，本研究主要采用问卷调查法和层次分析法（AHP）进行研究分析，虽然也有使用文献分析和对比分析等其他方法，但其他方法不够深入。本研究本打算采用"实验法"，抽取部分调查对象，划分为"实验组"和"对照组"，采用"刺激"的方式，对两组进行实验分析。但由于时间和资金等各种资源限制，未能实现，实属遗憾。

6. 从研究角度上看，本研究采用的是横断面研究设计。只涉及调查对象整体反映趋向和某一固定时段的相关情况，无法得知个人连续变化之情况和不同时期的变化及其影响。

二、后续研究建议

针对前述研究之限制，笔者对本研究未尽之处提出后续之研究建议，为笔者和其他后续研究者指出发展之方向。

1. 从研究内容上看，本研究仅以作为中西部地区中小城市的 X 市一个城市为例展开分析，后续研究应尽可能地扩大研究范围，采用概率抽样的方法，抽取更多的中西部地区中小城市共同进行对比研究，以便增强其代表性和可推广性。

2. 从抽样方法上看，针对其他城市的博士人才，本研究采取的是"滚雪球抽样法"，属于非概率抽样的一种，其代表性具有一定的制约。后续研究应尽量探讨是否有更好的抽样方法进行概率抽样。在没有更好的抽样方法的情况下，应尽量扩大样本量，以增强其代表性。

3. 从研究对象上看，本研究针对其他城市的博士人才，有三个限制条件：（1）博士或博士生；（2）有工作或工作经验；（3）中国籍（港澳台地区除外）。后续研究应在人力、物力、财力相当充足且允许的情况下，对没有工作经验的和中国籍（港澳台地区除外）以外的博士和博士生进行抽样调查，以增强研究的代表性和可推广性。

4. 从问卷设置上看，考虑到实际调查操作之困难，本研究问卷之 AHP 问题之设置仅为单层。在后续研究中，在各种资源较为充足的情况下，应增加 AHP 问题之层次。在问卷设计之初，也必须充分考虑各种类型的调查对象对问卷之理解程度。且在研究伦理方面，更多地思考如何在保护调查对象隐私的同时，更为完整地进行分析研究。

5. 从研究方法上看，本研究主要使用定量研究方法进行研究分析。后续研究应加强定性研究的内容，与定量研究相互补充，相互比较。且在资源合适的情况下，增加"实验法"，抽取部分调查对象，划分为"实验组"和"对照组"，采用"刺激"的方式，对两组进行实验分析，以增强论文之科学性和有效性。

6. 从研究角度上看，本研究采用的是横断面研究设计。在后续研究中，应采用纵贯性研究，进行持续性的、长时间的调查和跟踪，分析研究其连续性变化趋势及影响，以增强研究之科学性和有效性。

参考文献

（中英文均按照字母顺序）

阿尔巴比．社会研究方法（第11版）．邱泽奇译．北京：华夏出版社，2010．

澳门博彩研究学会研究小组．澳门博彩从业生活状况研究．澳门博彩，2012，9（12）：47—74．

北京市人事局．北京吸引海外人才战略研究．北京：首都国际化人才发展论坛，2006．

陈秉公．中国人格大趋势．北京：中国政法大学出版社，1988．

陈若玲．X世代踏出校园的第一次："八十五"年度大专应届毕业生就业意向调查．管理杂志，1997（275）：32—34．

陈韶光．人才国际流动研究．北京：北京交通大学博士论文，2004．

陈淑琦．大学理工科系学生生涯自我效能、结果预期、职业兴趣与职业选择之相关研究．高雄：高雄师范大学辅导研究所未出版硕士论文，1998．

冯子标．人力资本运营论．北京：经济科学出版社，2000．

郭向勇、傅国强、周玉芬．基于层次分析法的网络课程学习评价模型．电化教育研究，2008（03）．

郭育波．我国博士人才状况及流动调查方法研究．西安：西安建筑科技大学硕士论文，2007.

国万忠．树立人才可持续发展观．中国人才，2005（10）：28—29.

何玮鹏．人力资本国际流动研究．天津：南开大学博士论文，2008.

亨利．实用抽样方法．沈崇麟译．重庆：重庆大学出版社，2008.

胡蓓、翁清雄、杨辉．基于求职者视角的组织人才吸引力实证分析——以十所名牌大学毕业生的求职倾向为例．预测，2008，27（1）：53—59.

胡孝德．福建省人才战略及其实施对策．厦门：厦门大学博士论文，2004.

花军委．我国人才回流问题研究．青岛：中国海洋大学硕士论文，2007.

黄德荣．浅议民营科技企业的人才流动．中国民营科技与经济，1998（08）：98—99.

黄焕山．高科技人才流向特点论．北京教育学院学报，2001（03）．

黄坡、陈柳钦．产业集群与城市化：基于外部性视角．甘肃行政学院学报，2006（04）：16—20.

黄如欣．医学类高层次人才的获取、保留与发展机制研究．厦门：厦门大学博士论文，2008.

康胜．企业集群演化的动力机制——基于向心力与离心力相互作用的分析．科技进步与对策，2004（12）．

李宝元．人力资本与经济发展．北京：北京师范大学出版社，2000.

李辉、张旭明．产业集群的协同效应研究．吉林大学社会科学学报，2006（03）：43—50.

李健飞．我国不同地区科技人才吸引力评价研究．青岛：中国海洋大学硕士论文，2011.

李晓曼．我国博士人员特性与调查指标体系研究．西安：西安建筑科技大学硕士论文，2007.

梁钧平、李晓红．象征性个人与组织匹配对雇主吸引力的影响——一项对雇主品牌象征性含义的研究．南大商学评论，2005（07）．

梁伟年．中国人才流动问题及对策研究．武汉：华中科技大学博士论文，2004．

林玫玫．面试官正向情绪表达与组织人才吸引力之关系：中介机制与限制情境之探讨．台北：台北科技大学博士论文，2011．

刘蓓．基于幸福感的广西社区医生职业倦怠成因机制之实证研究．澳门：澳门城市大学博士论文，2010．

刘海英、吕秀美．发达国家人才资源发展战略及其对我国经济的影响．高科技产业，2003（03）：55—57．

刘丽君、黎大有．国外人才战略及启示．人才与交流，2002（05）：46—49．

刘宪宏．影响组织人才吸引力因素之研究——中高阶主管招募为例．台北：台北科技大学硕士论文，2009．

刘永涛．当代美国社会．北京：社会科学文献出版社，2001．

刘赟．人才竞争与山东省人才战略问题研究．济南：山东大学博士论文，2005．

鲁开垠．产业集群社会网络的根植性与核心能力研究．广东社会科学，2006（02）：41—46．

陆慧、王令水．用层次分析法进行高校教师绩效考核．财会月刊，2008（11）．

罗浩．中国劳动力无限供给与产业区域粘性．中国工业经济，2003（04）．

迈克尔·波特．国家竞争优势．李明轩译．北京：华夏出版社，2002．

孟繁强．天津市博士科技人才开发现状的调查与分析．科技管理研究，2007（05）：185—194．

帕恩斯．领袖．常健译．北京：中国人民大学出版社，2007．

任永贞. 企业网站首页之公共关系目标公众、企业形象与功能分析研究——以"国内"前五百大企业为例. 高雄：台湾中山大学传播管理研究所未出版之硕士论文，2001.

荣芳、何晋秋. 国际人力资本流动的可持续性探讨. 中国软科学，2000（06）：82—85.

单敏. 关于教育管理学研究方法之研究. 金华：浙江师范大学硕士论文，2007.

邵玮、罗瑾琏. 人才流动的影响要素及其延揽政策研究. 观点，2010（02）：38—40.

沈跃. 贵州省人才流动存在的问题与对策研究. 天津：天津大学硕士论文，2007.

孙弘岳. 企业商品形象、公民形象与信誉对组织人才吸引力之影响——以民营商业银行为实证对象. 台北：台湾科技大学企业管理研究所硕士论文，2001.

孙建军、成颖. 定量分析方法. 南京：南京大学出版社，2006.

孙祥. 大学生就业区域流向及引导策略研究. 合肥：合肥工业大学博士论文，2011.

汪华林. 人才聚集：发展产业集群的基础保障. 经济问题探索，2004（12）：104—106.

王成军. 陕西省博硕士人才存量及流动状况研究. 西安：科技部统计专项项目，2006.

王菊艳. 新进员工离职与个人职业生涯规划的关系研究. 南京：南京师范大学硕士论文，2011.

王锐兰、顾建强、刘思峰. 区域创新人才流动的进化博弈分析. 科技进步与对策，2006（05）：127—132.

王新桂、沈建法. 上海外来劳动力与本地劳动力补缺替代关系研究. 人口研究，2001（01）．

王学义．高新技术产业集群下的人才区域聚集战略研究——以绵阳国家高新技术产业开发区为例．理论与改革，2006（06）：82—87．

王养成．企业人才吸引力及其定量评价研究．工业技术经济，2006（12）：115—119．

王勇、金怀玉、南远征．统计学原理．北京：中国传媒大学出版社，2011．

王玉婷．我国人才回流问题研究．人力资源管理，2010（04）．

文建群．人才流动状况调查指标体系的建立与应用．西安：西安建筑科技大学硕士论文，2006．

吴从环．上海构筑国际人才高地的三大战略．光明日报，2003-5-30．

吴隽、张敏．黑龙江省人才战略问题研究．哈尔滨工业大学学报（社会科学版），2005（02）：97—101．

吴美连、林俊毅．人力资源管理理论与实务．台北：元照智胜出版社，2001．

吴勤堂．产业集群与区域经济发展耦合机理分析．管理世界，2004（02）：134—137．

吴荣章．层级程序分析法在"国内"研究所毕业生职业选择决策之应用——以南部地区大学为例．嘉义：南华大学管理研究所未出版硕士论文，2003．

吴树男．我国人才流动问题研究．长春：吉林农业大学硕士论文，2005．

吴晓芳．求职途径面面观．管理杂志，1996（263）：44—45．

向楠、史华新、李晓东、江毅、杜磊．问卷调查法在中医临床疗效评价研究中的应用．湖北中医杂志，2011，33（06）：29—30．

徐嘉禧．由求职者观点探讨组织人才吸引力：层级分析法的应用．高雄：台湾中山大学人力资源管理研究所硕士论文，2005．

徐茜. 基于环境匹配的人才流动研究. 中国人口资源与环境, 2010 (01): 103—108.

严汉嘉. 企业形象对人才吸引力之影响——以薪酬福利制度为调节变项. 高雄: 高雄师范大学硕士论文, 2011.

晏佩芳. 发展中国家人才外流问题及其对策. 中国人才, 1992 (02): 10—20.

杨长辉、高阳. 人力资源集群与虚拟团队. 科学管理研究, 2003 (02): 99—101.

杨锋. 株洲市政府促进及保障人才流动的问题与对策研究. 长沙: 国防科学技术大学硕士论文, 2006.

杨维忠、张甜. 统计分析与行业应用案例详解. 北京: 清华大学出版社, 2011.

杨云彦. 劳动力流动: 人才资本转移与区域政策. 人口研究, 1999 (05).

杨云彦、陈金永、刘塔. 中国人口迁移: 多区域模型及实证分析. 中国人口科学, 2004 (04): 20—26.

叶桂珠. 企业激励薪酬设计因子对组织吸引力之影响——以高科技公司新进研发人员为例. 中坜: 台湾"中央"大学人力资源管理研究所硕士论文, 2004.

叶佳绫. 企业声望对求职意图之影响——以组织人才吸引力为中介变项. 彰化: 彰化师范大学硕士论文, 2009.

岳昌君. 高校毕业生就业状况调查的比较研究 2003—2011. 北大教育经济研究, 2012 (10).

于海洋. 发达国家人才战略及对我国的启示. 经济师, 2005 (06): 152.

余仲华. 人才战略规划评价分析——中国人才发展报告. 北京: 社会科学文献出版社, 2005.

余仲华．我国人才战略规划的发展历程．中国人才，2005（04）：24—25.

曾碧渊．专上青年就业问题与对策．台北："国家政策"论坛，2001.

曾惠珠．加油站工读生特质及工作选择要素．嘉义：中正大学劳工研究所硕士论文，2003.

曾湘泉、杨伟国．宏观国外人力资源战略规划．职业技术教育，2007（12）：20—23.

张弘、赵曙明．人才流动探析．中国人力资源开发，2000（08）．

张晶．国际科技人才流动状况浅析．国际技术经济研究，2003（04）：57—62.

张源．我国情报学研究方法应用现状调查．保定：河北大学硕士论文，2011.

张正堂．人力资源管理活动与企业绩效的关系：人力资源管理效能中介效应的实证研究．经济科学，2006（02）：43—53.

张志华．中小民营企业人才吸引与激励问题研究．呼和浩特：内蒙古大学硕士论文，2006.

赵红梅．人力资本演变的关联机制研究——基于城市集聚的视角．天津：天津大学博士论文，2007.

中华人民共和国国务院．国家中长期人才发展规划纲要（2010—2020年）．北京，2010.

赵静．实验法在会计研究中的应用之我见．科技信息，2007（21）：442—443.

赵丽娜．黑龙江省"十二五"人才发展战略定位的环境分析．哈尔滨：哈尔滨理工大学硕士论文，2009.

周均旭．产业集群人才吸引力及其影响机制研究．武汉：华中科技大学博士学位论文，2009.

朱杏珍. 人才集聚过程中的羊群行为分析. 数量经济技术经济研究, 2002（07）: 53—56.

朱杏珍. 城市化建设中集聚人才探析. 技术经济与管理研究, 2002 (01): 93—95.

Ahlrichs, N. S. *Competing for Talent: Key Recruitment and Retention Strategies for Becoming an Employer of Choice*. Palo Alto, California: Davies-Black, 2000.

Aiman-Smith, L., Bauer, T. N., & Cable, D. M. Are You Attracted? Do You Intend to Pursue? A Recruiting Policy-capturing Study. *Journal of Business and Psychology*, 2001, 16 (2): 219-237.

Albinger, H. S., & Freeman, S. J. Corporate Social Performance and Attractiveness as an Employer to Different Job Seeking Populations. *Journal of Business Ethics*, 2000, 28 (3): 243-254.

Althach, P. G. Servitude of Mind? Education Dependency and Neocolonialism. *Teachers College Record*, 1977, 187.

Anderson, G. Industry Clustering for Economic Deve lopment. *Economic Development Review*, 1994, 12 (2): 26-32.

Ashforth, B. E., & Mael, F. Social Identity Theory and the Organization. *Academy of Management Review*, 1989 (14): 20-39.

Audretsch, D., & Feldman, M. Knowledge Spillovers and the Geography of Innovation and Production. *American Economic Review*, 1996, 86 (3): 630-640.

Backhaus, K., Stone, B., & Heiner, K. Exploring the Relationship Between Corporate Social Performance and Employer Attractiveness. *Business and Society*, 2002, 41 (3): 292-311.

Barber, A. E. *Recruiting Employees: Individual and Organizational Perspectives*. Thousand Oak, CA: Sage, 1998.

Barrick, M. R., Shaffer, J. A., & DeGrassi, S. W. What You See May Not Be What You Get: Relationships among Self-presentation Tactics and Ratings of Interview and Job Performance. *Journal of Applied Psychology*, 2009 (94): 1394-1411.

Bauer, T. N., & Aiman-Smith, L. Green Career Choices: The Influences of Ecological Stance on Recruiting. *Journal of Business and Psychology*, 1996, 10 (3): 445-458.

Belt, J. A., & Paolillo, J. G. P. The Influence of Corporate Image and Specificity of Candidate Qualifications on Response to Recruitment Advertisement. *Journal of Management*, 1982 (8): 105-122.

Berthon, P., Ewing, M., & Li, L. H. Captivating Company: Dimensions of Attractiveness in Employer Branding. *International Journal of Advertising*, 2005, 24 (2): 151-172.

Breaugh, J. A. *Recruitment: Science and Practice*. Boston: PWS-Kent, 1992.

Bretz, R. D., & Judge, T. A. The Role of Human Resource Systems in Job Applicant Decision Processes. *Journal of Management*, 1994, 20 (3): 531-551.

Cable, D., & Judge, T. A. Pay Preferences and Job Search Decisions: A Person Organization Fit Perspective. *Personnel Psychology*, 1994 (47): 317-348.

Cable, D., & Judge, T. A. Person-organization Fit, Job Choice Decisions, and Organizational Entry. *Organizational Behavior and Human Decision Processes*, 1996 (67): 294-311.

Cable, D., & Judge, T. A. Interviewers' Perceptions of Person-organization Fit and Organizational Selection Decisions. *Journal of Applied Psychology*, 1997 (82): 546-561.

Carless, S. A. Longitudinal Study of Applicant Reactions to Multiple Selection

Procedures and Job and Organizational Characteristics. *International Journal of Selection and Assessment*, 2003 (11): 345-351.

Carless, S. A., & Imber, A. Job and Organizational Characteristics-A Construct Evaluation of Applicant Perceptions. *Educational and Psychological Measurement*, 2007, 67 (2): 328-341.

Carless, S. A., & Imber, A. The Influence of Perceived Interviewer and Job and Organizational Characteristics on Applicant Attraction and Job Choice Intentions: The Role of Applicant Anxiety. *International Journal of Selection and Assessment*, 2007, 15 (4): 359.

Chapman, D. S. & Webster, J. Toward an Integrated Model of Applicant Reactions and Job Choice. *The International Journal of Human Resource Management*, 2006, 17 (6): 1032-1057.

Chapman, D. S., Uggerslev, K. L., & Carroll, S. A. *Implications of A Meta-analytic Review of Recruiting Correlates for Military Recruitment*. Poster at the NATO Task Force Group on Military Recruitment Retention. Brussels, Belgium, 2004, 10.

Ching-Yi, Chou., & Guan-Hong, Chen. How to Win the War for Talent? Case Study in Biotech Related Industries of UK. *Journal of Human Resource Management*, 2004, 4 (4): 131-154.

Collins, C., & Stevens, C. K. *Initial Organizational Images and Recruitment: A Within-subjects Investigation of the Factors Affecting Job Choices*. Poster at the 14th Annual Conference of the Society for Industrial Organizational Psychology. Atlanta, Georgia, 1999.

Collins, K. A. *Emerging MOT Education in Japan*. Poster at International Engineering Management Conference. Japan, 2003.

Dowling, G. R. Measuring Corporate Images: A Review of Alternative Approaches. *Journal of Business Research*, 1988 (17): 27-34.

Dowling, G. R. *Corporate Reputations: Strategies for Developing the Corporate Brand*. London: Kogan Page, 1994.

Dutton, J. E., Dukerich, J. M., & Marquail, C. V. Organizational Images and Member Identification. *Academy of Management Journal*, 1994, 517-554.

Ehrhart, K. H., & Ziegert, J. C. Why are Individuals Attracted to Organizations. *Journal of Management*, 2005, 31 (6): 901-919.

Feldman, M. P., Francis, J., & Bercovitz, J. Creating a Cluster While Building a Firm: Entrepreneurs and the Formation of Industrial Clusters. *Regional Studies*, 2005, 26 (5): 469-483.

Ferris, G. R., Hochwarter, W. A., Douglas, C., Blass, F. R., Kolodinsky, R. W., & Treadway, D. C. *Social Influence Processes in Organizations and Human Resources Systems*. Oxford, UK: JAI/Elsevier Science, 2002.

Fombrun, C. J. *Reputation: Realizing Value from the Corporate Image*. Boston: Harvard Business School Press, 1996.

Fombrun, C. J. Reputation Management at Shell. In M. Schultz, M. J. Hatch, & M. H. Larsen (Eds.), *The Expressive Organization: Linking Identity, Reputation, and the Corporate Brand*. London: Oxford University Press, 2000.

Fombrun, C. J., & Shanley, M. What's in A Name? Reputation Building and Corporate Strategy. *Academy of Management Journal*, 1990, 33 (2): 233-258.

Gatewood, R. D., Gowan, M. A., & Lautenschlager, G. J. Corporate Image, Recruitment Image, and Initial Job Choice Decisions. *Academy of Management Journal*, 1993, 36 (2): 414-427.

Glaster, W. *The Brain Drain: Emigration and Return: Findings of a UNITAR Multinational Comparative Survey of Professional Personal of Developing Countries Who Study Abroad*. Oxford, England: Pergamum Press, 1978.

Goltz, S. M., & Giannantonio, C. M. Recruiter Friendliness and Attraction to the Job: The Mediating Role of Inferences about the Organization. *Journal of Vocational Behavior*, 1995 (46): 109-118.

Greening, D. W. & Turban, D. B. Corporate Social Performance as a Competitive Advantage in Attracting a Quality Workforce. *Business and Society*, 2000, 39 (3): 254-280.

Hannon, J. M. Organizational Attractiveness in Japan: A Screening Perspective. *The International Journal of Human Resource Management*, 1996 (5): 489-507.

Harn, T. J., & Thornton, G. C. Recruiter Counseling Behaviors and Applicant Impressions. *Journal of Occupational Psychology*, 1985 (58): 57-65.

Harris, M. M., & Fink, L. S. A Field Study of Applicant Reactions to Employment Opportunities: Does the Recruiter Make a Difference? *Personnel Psychology*, 1987 (40): 765-784.

Hausknecht, J. P., Day, D. V., & Thomas, S. C. Applicant Reactions to Selection Procedures: An Updated Model and Meta-analysis. *Personnel Psychology*, 2004, 57 (3): 639-683.

Hayhoe, R., & Hense, J. Chinese Western Scholarly Exchange and the Danger of Patency. *Comparative Education*, 1984 (20).

Herman, R. E., & Gioia, J. L. *How to Become an Employer of Choice*. Winchester, Virginia: Oakhill Press, 2000.

Herman, R. E., & Gioia, J. L. Helping Your Organization Become an Employer of Choice. *Employment Relations Today (Wiley)*, 2001 (28): 63-78.

Highhouse, S., Lievens, F., & Sina, E. F. Measuring Attraction to Organizations. *Educational and Psychological Measurement*, 2003, 63 (6): 986-1001.

Ishumi, A. *Brain Dimension of Labor Migration: The Case of Eastern and*

Southern Africa Oslo. Norway: Third World Publications, 1982.

Janis, I. J. The Problem of Validating Content Analysis. In H. D. Lasswell et al. (Eds.), *Language of Politics*. Cambridge, MA, 1965.

Joo, B. K., & Mclean, G. N. Best Employer Studies: A Conceptual Model from a Literature Review and a Case Study. *Human Resource Development Review*, 2006, 5 (2): 228-257.

Kline, R. B. *Principles and Practice of Structural Equation Modeling*. New York: The Guilford Press, 1998.

Klein, K. J., Dansereau, F., & Hall, R. J. Levels Issues in Theory Development, Data Collection, and Analysis. *Academy of Management Review*, 1994 (19): 195-229.

Lado, A. A., & Wilson, M. C. Human Resource Systems and Sustained Competitive Advantage: A Competency - based Perspective. *Academy of Management Review*, 1994, 19 (4): 699-727.

Lieb, P. S. The Effect of September 11th on Job Attribute Preferences and Recruitment. *Journal of Business and Psychology*, 2003, 18 (2): 175-190.

Lievens, F., Decaesteker, C., & Coetsier, P. Organizational Attractiveness for Prospective Applicants: A Person-organization Fit Perspective. *Applied Psychology: An International Review*, 2001, 50 (1): 30-51.

Markusen, A. Sticky Places in Slippery Space: A Typology of Industrial Districts. *Economic Geography*. 1996, 72 (3): 293-313.

McMeekin, A., & Coombs, R. Human Resource Management and the Motivation of Technical Professionals. *International Journal of Innovation Management*, 1999, 3 (1): 1-26.

Michael, E. P. *The Competitive Advantage of Nations*. New York: Free Press, 1998.

Naresh, K. , & Chong, T. F. Explain Employee Turnover in a Asian Context. *Human Resource Management Journal*, 2001, 11 (1): 542-575.

Newburry. Organizational Attractiveness is in the Eye of the Beholder: The Interaction of Demographic Characteristics with Foreignness. *Journal of International Business Studies*, 2006, 37 (5): 666-686.

Palivos. Spatial Agglomeration and Endogenous Growth. *Regional Science Urban Economics*, 2008, 12 (01): 25-64.

Peasnell, R. Putting Staff at the Centre of a Company Brand. *Marketing*, 1998. 79-80.

Porter, M. E. Location, Competition and Economic Development: Local Clusters in a Global Economy. *Economic Development Quarterly*, 2000, 14 (1): 15-34.

Poter, M. E. Clusters and New Economics Competition. *Harvard Business Review*, 1998 (11): 77-90.

Powell, G. N. Effects of Job Attributes and Recruiting Practices on Applicant Decisions: A Comparison. *Personnel Psychology*, 1984 (37): 721-732.

Powell, G. N. Applicant Reactions to the Initial Employment Interview: Exploring Theoretical and Methodological Issues. *Personality Psychology*, 1991 (44): 67-83.

Reilly, C. A. , Chatman, J. , & Caldwell, D. F. People and Organizational Culture: A Profile Comparison Approach to Assessing Person-organization Fit. *Academy of Management Journal*, 1991 (34): 487-516.

Rynes, S. L. Recruitment, Job Choice, and Post-hire Consequences: A Call for New Research Direction. In M. D. Dunnette & L. M. Hough (Eds.), *Handbook of Industrial and Organizational Psychology* (2nd ed.), 1991. 2, 399-444.

Rynes, S. L. , & Barber, A. E. Applicant Attraction Strategies: An Organizational Perspective. *The Academy of Management Review*, 1990, 15 (4): 286-310.

Rynes, S. L., & Miller, H. E. Recruiter and Job Influences on Candidates for Employment. *Journal of Applied Psychology*, 1983 (68): 147-154.

Rynes, S. L., Schwab, D. P., & Heneman, H. G. The Role of Pay and Market Pay Variability in Job Application Decisions. *Organizational Behavior and Human Performance*, 1983 (31): 353-364.

Saks, A. M., Wiesner, W. H., & Summers, R. J. Effects of Job Previews and Compensation Policy on Applicant Attraction and Job Choice. *Journal of Vocational Behavior*, 1996 (49): 68-85.

Samia. Egyptian Drain: It's Size, Dynarmics and Dimensions, In M. Wahba Braio (Eds.), *The Second Eure-Arab Social Research Grope Conference*. Ain Shams University Press, 1979.

Schmitt, N., & Coyle, B. Applicant Decisions in the Employment Interview. *Journal of Applied Psychology*, 1976 (61): 184-192.

Schultz, T. W. *Investment in Human Capital*. London: Collier-Macmillan, 1971.

Schwab, D. P., Rynes, S. L., & Aldag, R. J. Theories and Research on Job Search and Choice. *Research in Personnel and Human Resource Management*, 1987 (5): 129-166.

Taylor, M. S., & Bergmann, H. J. Organizational Recruitment Activities and Applicants' Reactions at Different Stages of the Recruitment Process. *Personnel Psychology*, 1987, 40 (2): 261-285.

Tom, V. R. The Role of Personality and Organizational Images in the Recruiting Process. *Organizational Behavior and Human Performance*, 1971 (6): 573-592.

Toulemonde, E. Acquisition of Skills, Labor Subsidies, and Agglomeration of Firms. *Journal of Urban Economics*, 2006 (59): 420-439.

Truxillo, D. M., & Steiner, D. D. The Importance of Organizational Justice in Personnel Selection: Defining When Selection Fairness Really Matters. *International Journal of Selection and Assessment*, 2004 (12): 39-53.

Turban, D. B. Organizational Attractiveness as an Employer on College Campuses: An Examination of the Applicant Population. *Journal of Vocational Behavior*, 2001 (58): 293-312.

Turban, D. B., & Greening, D. W. Corporate Social Performance and Organizational Attractiveness to Prospective Employees. *The Academy of Management Journal*, 1996, 40 (3): 658-672.